*La alegría del vuelo
de las golondrinas*

La alegría del vuelo de las golondrinas

Francesco Barcelloni Corte

Primera edición en castellano, 1999

Diseño y disposición tipográfica: Cícero Comunicaciones S.A.
Diseño de la cubierta: Lorenzo Shakespear
Edición Fotográfica: Mauricio Barcelloni Corte
Fotos del autor
Impreso por VERLAP S.A. Producciones Gráficas
Películas y fotocromos realizados por MOON PATROL S.A.

© De la presente edición, 1999
Galerna S.R.L.
© Francesco Barcelloni Corte

ISBN: 950-556-396-5
Hecho el depósito que dispone la ley 11.723
Impreso en la Argentina

Ninguna parte de esta publicación puede ser reproducida, almacenada o transmitida en manera alguna, ni por ningún medio, ya sea eléctrico, químico, mecánico, óptico, de grabación o de fotocopias, sin permiso previo del editor y/o autor.

Francesco Barcelloni Corte

La alegría del vuelo de las golondrinas

*No es cierto que todas las ilusiones
mueren al amanecer junto con los sueños...*

Indice

1
La asamblea del 28 de febrero   9

2
*Las golondrinas conquistan
el nido del hornero*   37

3
La ruta migratoria   69

4
La partida   97
    1º DE MARZO   115

5
El circo en casa   121
    LA GUERRA EN EL DECIMOCTAVO PISO   135

La asamblea del 28 de febrero

Hubo una vez una golondrina de la tribu del Mar Blanco que logró volar más de veinte mil kilómetros desde Laponia hasta Australia. Nunca antes una ave migratoria había avanzado tanto.

Nació el cinco de julio de 1955 en el santuario de Kandalaksha, un archipiélago de 470 islas perdidas en el corazón de la tierra de los lapones, mas allá del círculo polar ártico. Hay allí sobre el mar 137 especies de aves entrenadas en ese clima áspero que conviven con científicos que las identifican con anillos en la pata, observan su desarrollo y también las ayudan a procrearse y a sobrevivir.

En el mes de septiembre, en aquel lejano escenario geográfico como en cualquier otro del mismo hemisferio, todas las aves migratorias, sean anónimas o anilladas, vislumbran el comienzo del otoño, alertadas por la paulatina disminución de los insectos que son su único alimento. Es el momento en que deben salir del santuario. Inocente de la aventura que inicia, nuestra golondrina se acopla a su tribu que está por emprender vuelo. Sigue entonces la misma ruta de las corrientes de éxodo de las demás aves migratorias: costea lagos inmensos, atraviesa desde lo alto regiones y fronteras para ella indiscernibles y llega al vasto pantano de Pripjat. Se desayuna durante algunos días con los más suculentos insectos del mundo y parte, con mucho pesar, hacia el Mar Negro. Sobrevolando el Mar de Mármara llega velozmente a las costas occidentales de Anatolia, todos sitios aún ricos de insectos a fin del verano boreal. No necesita atravesar el Mediterráneo Oriental porque la ruta migratoria pasa cerca de Oriente Medio y luego cruza el Sinaí y el Mar Rojo para llegar mas allá del ecuador, donde por primera vez se encuentra con la primavera y las libélulas. Como ha nacido en un clima muy frío y agresivo, prefiere volar hacia la región templada del sur de África.

Es posible que al llegar febrero nuestra golondrina, seguramente marcada por algún gen distintivo, se resistiese a regresar a un verano paradójicamente frío en Laponia, con insectos flacos y sin libélulas, después de haber gozado de la abundancia en las alegres colinas de África. Cuando las golondrinas del Mar Blanco partieron a fines de febrero hacia el santuario de las aves, aquella ya no estaba. Los científicos en Kandalaksha esperaban verificar en ella presunciones o indicios. Pero no la hallaron.

Sólo el viento podría saber toda la verdad.

Con ellas el viento suele ser generoso, favorable; y acaso las excita para que no claudiquen en su vuelo.

En aquellos tiempos, los maestros de escuela solían contarle a los chicos, con el incierto tono de una fábula, que golondrinas y humanos emigran siempre por la misma ruta. Les explicaban que, por la noche, las golondrinas

La alegría del vuelo de las golondrinas

se posan de a miles sobre los barcos en alta mar y allí se adormecen al son de las tristes cantilenas de los emigrantes. Hasta la mañana siguiente, cuando vuelven a partir llevadas por el viento. Así, como recorriendo un puente infinito hecho de barcos y vuelo, con la ayuda del viento siempre llegarían a destino. Tres meses después, el 16 de mayo de 1956, un pescador de Australia encontró a nuestra golondrina al borde de la muerte cerca de Fremantle. Su relato la describe trémula y exhausta, y tan levemente viva como un alga fuera del mar.

Ésta es la historia de una proeza increíble que nos llena de renovado asombro, tal como si volviéramos a vivir el tiempo de los grandes navegantes en que no importaba si la meta era lejana o desconocida ni la clase de viajeros que los acompañara. Claro que de haber sido la golondrina de la fábula de La Fontaine, renacida, le habría sido fácil partir en soledad y llegar hasta Australia, ya que, así como era capaz de prever la tempestad y la anunciaba a los marineros antes de que estallase, también ella podía esquivarla durante su largo vuelo sobre el océano Índico.

Las golondrinas de América del Sur son, tal vez, más afortunadas que la del récord, y puede que menos aventureras: no deben volar tanto cuando emigran. Las distancias entre regiones de clima adecuado son mas cortas, aunque no siempre óptimas y calmas. Es sabido que todos los años, a fines de febrero o principios de marzo, van a California o a Cozumel, la isla de las golondrinas, a pasar la estación de las flores.

Hace un año, justamente en esta época, Caroline Francesca (Chiquita) y Giácomo (Giacomone), fueron a vivir juntos al bosque de la sierra de la Ballena[1], hacia el Norte.

---

1 Serranía del este del Uruguay que culmina en el océano Atlántico formando la península de igual nombre.

La asamblea de 28 de febrero

Lo decidieron en pocos minutos, al cabo de años de espera de ella e indecisiones, a veces justificadas, de él. Llevan una vida retirada: no les duele, están bien juntos. Ella es joven; el no lo es tanto, pero se consuela porque el amor tiene la misma edad siempre.

Esta mañana se despertaron antes que el sol y ahora están listos para salir de su casa en auto hacia un lugar muy exclusivo, un teatro al aire libre a orillas del mar, donde asistirán al espectáculo excepcional del 28 de febrero de todos los años. Imagínate —dice Giácomo— que estaremos solos en el centro del escenario y los actores nos rodearan alegremente.

—Nunca escuché nada semejante. ¿Funciones a esta hora? Por favor Giácomo, no bromees. ¿De qué se trata?

—Espera un momento, ya estamos llegando. Ahora se levanta el telón: mira hacia la izquierda, Chiquita, cierra los ojos un instante, fija la vista en un punto a media altura y, poco a poco, distinguirás mejor.

—Oh, Dios mío, ¿qué hacen tantos gorriones apiñados en esos cables eléctricos? ¿Por allí sale el sol, verdad? No escucho ningún sonido. ¿Me habré vuelto sorda?

—Calma, Chiquita, no estás sorda, yo tampoco oigo nada. Es el silencio.

—De acuerdo, no estamos sordos. Pero, ¿por qué están callados? Las otras aves cerca de casa, ni bien despiertan al alba, lo anuncian a todo el mundo gorjeando a viva voz. ¿Éste es el sitio entonces? Se juntan todos los días aquí y enseguida se callan: ¿no es cierto?

—Aquí se reúnen sólo una vez al año, y luego se marchan. Yo, en cambio, venía a menudo antes. En verdad venía siempre, era como si algo me empujara a deambular por los alrededores. Cuando llovía o el viento del océano arreciaba demasiado, y me obligaba a quedarme en casa, me dedicaba a buscar algún libro que me revelara los secretos de las golondrinas: cuánto viven, cuándo

La alegría del vuelo de las golondrinas

se atraen y forman pareja y, sobre todo, dónde van cuando emigran en otoño. Y ahora, Chiquita, tengo el placer de presentártelas: míralas bien, sus pechos son todos blancos. Aún no he encontrado ningún testimonio profundo sobre ellas, sino tan solo noticias vagas en los diarios o, al contrario, excesivamente científicas; es como si arrastrasen consigo un enigma. También he estado averiguando el origen de su nombre: golondrina es un diminutivo de *golondre*, como se las conocía antiguamente. Comenzó a llamárselas así hace siete u ocho siglos para que en la pronunciación ahuecada de sus vocales no se confundiera con la alondra. Antes, éste tipo de noticias sólo las registraba en la memoria, sin embargo, últimamente recuerdo menos, tal vez porque me distraigo demasiado en los detalles. Creo que en adelante deberé anotarlo todo. Por ejemplo: cuando he venido ayer eran unas pocas (he anotado cuantas eran), hoy en cambio ya ves cuántas hay. Por lo tanto, creo que el gran acontecimiento será esta mañana.

—Para mí es ya un acontecimiento ver golondrinas tan temprano, pero ahora, ¿acerca de qué hablas?

—Pues de la asamblea, Chiquita. ¿Ves estos cables colmados de golondrinas? Aparentan ser su plaza, la antigua ágora donde se reunían los griegos, a su manera, se entiende. A simple vista mide poco menos de ciento cincuenta metros (notable como ágora), por quince centímetros de ancho, digamos diez veces más para permitir aterrizajes más cómodos sobre los cables.

Caroline escucha, aunque no sabe si creerle. Para convencerse ella debería recibir una explicación acabada del porqué y el cuándo una larga hilera de golondrinas encaramadas en un cable es considerada una asamblea. En fin, podrían estar juntas con la intención más o menos instintiva de mirar la salida del sol, o simplemente por casualidad. Muchas cosas han nacido casualmente. Tampoco conocía el secreto amor de Giácomo por ciertas aves.

15

La asamblea de 28 de febrero

Acaso lo entendería hacia los perros; aunque sería imposible hacia los gatos: conoce su aversión hace mucho.

Nada de secretos —responde Giácomo—, estás confundiendo secreto con el asombro que me causaron cuando las vi por primera vez.

Con el pasar del tiempo este sentimiento, lejos de caer en el olvido, se ha agigantado hasta llegar a ser una historia fantástica. Así ha ocurrido en su caso; pero ahora lamentaría no compartir esa emoción con Caroline. Hay dudas, es cierto, que antes deben aclararse, aunque afortunadamente no se discute si también las golondrinas tienen alma.

—Es una suerte que no hablemos del alma. Ves, Giácomo, yo entiendo que me querrías tu cómplice en todo, y lo acepto porque sé que no persigues fines inconfesables. Pero algunas veces titubeo cuando se trata de situaciones nuevas. Aún no sé, no creo que las golondrinas sean capaces de convocar una reunión entre hermanas.

—Sí, lo entiendo, Chiquita; pero es demasiado simple pensar que si no puede el perro, ni el caballo tampoco, tanto menos será capaz la golondrina de decidir libremente sus actos. Si hubiese creído que tal vez podían estar juntas por casualidad, yo tampoco habría venido hoy hasta Punta Ballena[2]. Además, debes saber que las golondrinas, por regla o porque no pueden evitarlo, deberán partir hoy o en los próximos días, como todos los años, porque cuando el verano llega a su fin, la presencia de insectos, que son su único alimento, comienza a disminuir más y más hasta desaparecer totalmente. Asimismo, ninguna viajará por su propia cuenta, porque el recorrido, de por sí difícil, lo sería aun más si fuese emprendido en soledad. Por consiguiente, hoy se reúnen todas aquellas dispuestas a partir, y juntas escogen el día, el momento, y

---

2 Pequeña península rocosa situada a quince quilómetros del balneario uruguayo de Punta del Este.

La alegría del vuelo de las golondrinas

analizan otras variables útiles para superar al menos la primera parte de la gran migración. Una reunión constituye entonces una verdadera asamblea si acaso decide proyectos comunes. No puede calificársela de cita fortuita para admirar las nubes. He visto otras en los años pasados y eran similares. La periódica reiteración del encuentro confirma la regla.

Algunos observadores sostienen que las golondrinas se marchan por una necesidad hormonal combinada con factores estacionales. Pero no había oído hablar nunca de cómo se congregan ni del motivo por el cual algunas no parten nunca. Cualquiera sea la razón, aunque no se trate de una asamblea voluntaria, se lleva a cabo a la manera antigua: como cuando los ciudadanos se reunían en la plaza del mercado, o más tarde en los vecindarios, como éste de las golondrinas, para decidir sobre mil cosas o sobre una sola, tal cual lo hacen hoy.

Las golondrinas se reúnen dos veces por año, una a la ida y otra a la vuelta; o mejor, como no sabemos cuál es el regreso y no queremos disminuir el protagonismo de nadie, una en el Norte y otra en el Sur.

También los referendos convocados continuamente en Suiza no son sino asambleas evolucionadas. En cambio, ésta es la asamblea ordinaria de todos los años en febrero, callada y sin alborotos. Durará varias horas y podrá continuar uno o más días. Ahora Giácomo ha empezado a cuidar que su voz suene más bien sumisa, como si temiera interrumpir una ceremonia sagrada.

En las otras ocasiones, no le había hecho caso al silencio. Pero esta vez, Caroline ha sido la primera en darse cuenta que las golondrinas estaban como abstraídas, o acaso meditaban. Probablemente habían establecido un contacto telepático o emitían algún sonido imperceptible para nosotros. O tal vez, cuando la asamblea ha comenzado, ya no les sea necesario pasarse informaciones. Pero alguna clase de comunicación entre seres atados por un

17

hilo biológico debería existir. En una situación distinta, Giácomo las ha visto claramente sostener algún tipo de diálogo. Si se trata de un lenguaje simbólico o de alto nivel, apto para transmitir sentimientos o noticias, no podría decirlo. Mas cuando aun sin verse se hallan lo suficientemente próximas para escucharse, se llaman o lanzan gritos de peligro y de ataque o también avisos de llegada inminente, articulando gorjeos de diversa intensidad y duración. La variedad de esos sonidos es un aspecto explícito de su lenguaje, porque a un determinado chillido le sucede como respuesta siempre la misma acción.

Hace un año, cuando aún Giácomo pasaba sus vacaciones en la península de Punta Ballena, tres parejas de golondrinas habían anidado juntas en su casa, bajo el techo de un pórtico. Una lámpara empotrada en el cielo raso, al desprenderse por efecto de los vientos invernales, les había dejado un pasaje abierto al pequeño desván. A fines de septiembre, cuando las golondrinas llegan desde el Norte, se dedican antes a localizar el nido de la temporada anterior o, de lo contrario, exploran hasta dar con una nueva ubicación, y aquella en la casa de Giácomo, parecía muy adecuada. Al regresar los veraneantes, el 30 de diciembre, como todos los años, la segunda nidada acababa de nacer y los padres trajinaban todo el día, en un continuo ir y venir, para saciar el hambre de sus pequeños hijos. En el menú habitual de todos los días había moscas, mariposas e insectos varios, que eran recibidos por los golondrinos con grandes muestras de agradecimiento; pero cuando se trataba de libélulas, el júbilo de los pequeños se trocaba en contagioso entusiasmo. Sólo aquellos días de temperatura superior al nivel medio estacional y presión atmosférica baja aparecen las libélulas, y únicamente en verano. Son insectos estilizados, de alas de seda, a los que suelen llamárseles, quién sabe por qué, caballitos del diablo. Vuelan como sonámbulas en un estado postlarval recién adquirido, siempre distraídas y sin revolotear. Son entonces fácil presa de las golondrinas, para quienes constituyen un verdadero manjar. Cuando las atrapan, su medida, decenas de veces superior a la de los insectos comunes, es tal, que asoma a ambos lados del pico como si fueran ridículos y voluminosos bigotes.

Escondido tras los vidrios del ventanal, Giácomo observaba los movimientos en el nido. Y si se mostraba intencionalmente para delatar su presencia, las golondrinas interrumpían enseguida el aprovisionamiento y se juntaban de a tres o cuatro por vez, sobre el parapeto de la terraza adyacente, con la libélula bien apretada en el pico, en la aparente actitud de no querer soltarla. En ese momento, emitían un chillido ronco, como el chirriar de una sierra herrumbrada al trabarse, para comunicar a sus pequeños hambrientos, que ya estaban en las cercanías, aunque una peligrosa presencia extraña les impedía, momentáneamente, llegar hasta ellos. En prueba de haber recibido el aviso, los golondrinos se ocultaban de inmediato en el interior del desván. A medida que Giácomo, retrocediendo, se alejaba de la puerta vidriada, las golondrinas se acercaban caminando sobre el parapeto o se ayudaban con las alas para emprender saltos más altos que largos, articulando sonidos diferentes, menos roncos y más breves, para avisar que se estaban acercando y que ya faltaba poco. Entonces en el hueco de entrada del nido, empezaba a asomarse otra vez una cabecita agitada como si un pájaro de madera saliera de uno de esos relojes cucú.

Cuando, de tanto retroceder, Giácomo desaparecía totalmente de su vista, las aves emprendían el vuelo sin más anuncio y entraban raudamente al desván-nido. El aterrizaje consiste en una técnica perfecta: las alas, totalmente abiertas, y ligeramente orientadas en vertical, cerrándose en forma progresiva y bien abierta la ahorquillada cola.

El gorjeo alegre con que los golondrinos festejaban la llegada de la comida no tenía nada de especial, era parecido al de sus coetáneos de otras etnias, aunque tal vez un poco más prolongado y sobreactuado: parecían tener siempre grandes deseos de compañía y también, a su modo, mucho para contar a sus padres. Por lo contrario, cuando ellos se alejaban del nido, permanecían en silencio asomando de tanto en tanto la cabecita o, lo que era aun más impresionante y gracioso, un culito sin plumas todavía, para dejar caer fuera los excrementos. Parecían enseñados a cumplir el mandato, al parecer universal, de no ensuciar donde se come. Los hechos demostraron lo acertado de esta aseveración. Algunos días antes, Giácomo había visto una golondrina que después de entrar en el nido con el habitual alimento en el pico, al cabo de pocos segundos, arrojó desde el hueco, tres veces seguidas, heces mezcladas con pajillas, y lo hizo de a ráfagas, como enfurecida. No sabemos si las golondrinas siempre usan tal método para educar, o para explicar a los pequeños el manual de comportamiento en el nido. Lo cierto es que desde aquel día, los golondrinos, hecho un giro de ciento ochenta grados sobre sí mismos, se colocaban de a uno por vez en equilibrio sobre el borde del hueco y decididos a un aseo natural soltaban sus excrementos al exterior, al vacío.

    Hacia el fin de la primera semana de enero, el comportamiento de las golondrinas daba a entender que los inconvenientes para alimentar a los golondrinos, casi todos causados por la intromisión de Giácomo, estaban provocando retrasos imprevistos. El necesario período para entrenarse antes del gran viaje habría disminuido sensiblemente y en consecuencia los golondrinos emprenderían el vuelo desprovistos de una preparación adecuada; sin contar con que los golondrinos de la última nidada son los menos entrenados. Los movimientos rápidos y desencajados de los padres, acompañados por gritos de guerra aún más roncos revelaban una espiral de creciente nerviosismo. Para ellas, como en general para todas las aves, es imposible transferir familia y nido, como, por su parte, hacen los mamíferos, que toman a sus cachorros en brazos o con la boca y se marchan a otro lado. El motivo de su irritación se remontaba al momento en que se habían percatado del error cometido al construir el nido en la casa de Giácomo. La creían deshabitada y, sin embargo, ya nacidos los golondrinos, aquel intruso las inquietaba continuamente. Más aun, desconfiaban del sitio elegido: estaba demasiado expuesto y tal vez no reunía las normas de seguridad que les imponía su experiencia: debe estar situado a cinco o más metros del suelo (el otro estaba a solo dos y medio), fuera del apetito de los gatos y bien escondido de los rapaces y de aquellos primos que no habían formado pareja.

Los golondrinos, pese a no tener edad para desplazarse volando, se entreveían bastante crecidos en la penumbra del nido. Tal vez fuesen las plumas cortas e hirsutas las que daban la apariencia de un tamaño mayor, como ocurre con muchas aves jóvenes. Incluso el peso era difícil de calcular a simple vista, siendo de quince a veinticinco gramos cuando se trata de golondrinas adultas. Giácomo lo había verificado en aquellos días, al encontrar una golondrina que yacía aturdida sobre el piso de la terraza, por haber golpeado con fuerza contra el vidrio. Cuando la recogió, su corazón palpitaba tan rápidamente que no consiguió contarle los latidos. La pesó, comprobó que no estuviese herida y ni bien comenzó a moverse y agitar los párpados, la devolvió al cielo arrojándola hacia lo alto, donde retomó el vuelo normalmente.

El objetivo a que tendía Giácomo en esos días era el de hacérselas amigas. Si las golondrinas tenían sus buenas razones para irritarse, lo mismo insistía en acercárseles: a veces con sigilo, otras sin brusquedad pero frontalmente. Tal vez su constante presencia se tornara un elemento habitual del entorno y así, sin más amenazas de su parte, las golondrinas habrían vuelto a encontrar la tran-

La asamblea de 28 de febrero

quilidad de diciembre. Sentado en la terraza, de espaldas al nido, aguardaba la reanudación del habitual ir y venir de las golondrinas; pero inútilmente, ya que ellas continuaban la protesta con sus acostumbrados gritos de guerra. Colocaba entonces en el parapeto granos de trigo, migas de pan, trocitos de carne, y atisbaba tras los vidrios. De inmediato volvían a comenzar los primeros, tímidos aprovisionamientos; pero las ofrendas de amistad permanecían, ignoradas, sobre el murete. Nada cambiaba, evidentemente desconfiaban de los regalos, aunque, en verdad, su dieta no contemplaba esos alimentos. Vivían junto a las personas; pero sin la confianza suficiente como para bajar la guardia. En pocas palabras: trazaban una imaginaria frontera entre su nido y los habitantes de la casa. Pero aún con limitaciones, prefieren anidar siempre al reparo de las obras humanas, en lugar de anidar en los árboles o entre las piedras. En estos casos, expuestas a los peligros y el mal tiempo, que han sido, a lo largo de millares de años, los principales obstáculos para un crecimiento ordenado y más acelerado de la especie. Hoy, en cambio, viviendo entre la gente, se han tornado los parientes más numerosos de la familia de los hirundínidos y, tal vez, del resto de los pájaros.

 La penúltima semana de enero fue concluyente. En aquellos siete días la alegre historia de un grupo de golondrinos en su nido no sufrió interrupciones, permitiendo así que las jóvenes golondrinas recuperaran entonces el tiempo perdido y se prepararan seriamente para los próximos veinte años de vida. Ésta es la edad más larga que la naturaleza les ofrece. Aunque quién sabe, dudaba Giácomo, cuál era el destino de cada una durante el viaje; cuáles de ellas o cuántas no regresarían en septiembre.

 En tanto, la rutina de aquel escenario fue quebrada por un cambio en la actitud del intruso. El día anterior, un domingo, en vísperas de una breve ausencia, Giácomo decidió que no valía la pena continuar las provocaciones pa-

La alegría del vuelo de las golondrinas

ra inducirlas a dialogar entre sí. Abandonada momentáneamente la idea de trabar amistad con ellas, se abstuvo de mostrarse tras los vidrios o en la terraza. Las mismas golondrinas, que, ante su presencia, hacían largas colas sobre el parapeto antes de ingresar en el nido, se adaptaron rápidamente a la nueva situación. Confiadas y tranquilas se apoyaban sobre el antepecho de la ventana cercana, sin emitir más gritos de guerra ni otros sonidos extraños. El comportamiento volvía a ser el de diciembre. Al mismo tiempo, se hacía cada vez más evidente el cambio progresivo en la relación entre padres y golondrinos. Como casi habían terminado de crecer, algunas veces permanecían asomados al borde del nido y esto permitía que el alimento se entregara de boca a boca, por medio de difíciles pero muy veloces maniobras. En los vuelos de abastecimiento ya no había congestiones: ahora todo procedía con la sincronización de una maquinaria automática. En cambio, cuando una de las aves entraba en el nido, permanecía allí cerca de media hora para organizar, disciplinar o quién sabe qué. Nunca llegaría a saber lo que ocurría allí dentro. Terminadas las obligaciones, se lanzaban fuera dejándose caer de espaldas con las alas totalmente cerradas para retomar el vuelo al cabo de un par de metros de modo espectacular. Al regresar Giácomo, luego de apenas tres días, el nido, que antes semejaba un antro al que las golondrinas entraban furtivamente, se había vuelto un bello y variado escaparate. Todo aquello que una semana atrás se veía en penumbra, o que debía ser imaginado, ahora ocurría en el filo de la entrada, al aire libre y bien a la vista. Se trataba de una ocasión única para aprender, y tal vez había que aprovechar la imposibilidad de las golondrinas de marcharse antes de que los pichones volaran fuera del nido.

Tras los vidrios del ventanal, manteniendo una prudente distancia para evitar ser avistado, Giácomo se dedicó, durante varias horas por día, a fotografiar cuanto ocurría en el borde del nido y en el patio interior, donde las aves transitaban libremente. Permanecían en el nido sólo de noche. En esos días descubrió algunos momentos del maravilloso mundo de las golondrinas: el esfuerzo disciplinado de los padres, el crecimiento desmedido de los golondrinos en solamente tres semanas y el cambio lento pero visible de la actitud de las madres hacia los hijos.

En esa circunstancia no me sentía —cuenta Giácomo— un especialista o uno de esos investigadores puntillosos ni tampoco aspiraba a serlo; pero intuía que se trataba de un impulso; un cruce de interés y emoción por el cual los golondrinos casuales de mi paisaje de Punta Ballena habían pasado a ser de anécdota, historia. Una pequeña historia que asumía como una metáfora de la vida y de la naturaleza.

A continuación, Giácomo recordó que el cuarto día los golondrinos se quedaron acurrucados y mirando hacia fuera, durante mucho más tiempo. Parecían tener el tamaño de golondrinas adultas con las plumas del manto ya adheridas al cuerpo, y las blancas del pecho aún encrespadas. No quedaba detalle de importancia que los diferenciase de la madre, con excepción tal vez de sus graciosas cabecitas que, de perfil, seguían siendo redondas, sin tomar aún esa forma de huso de las adultas. En cambio, vistas de frente, cuando permanecían juntas acurrucadas en el borde, eran sólo aves de pecho blanco, todas iguales. Tratando de identificar cuál era la madre, Giácomo se percató que una de ellas no abría el pico cuando llegaba una compañera con comida. Estar juntas sin participar del banquete era, para cualquier observador, una nueva lección.

A partir de la quinta jornada, ninguna entraba en el nido durante el día. Los golondrinos permanecían en fila sobre el borde, con sus pechos blancos tan alborotados que parecían cada día más henchidos de orgullo. Estaban en silencio, como las golondrinas de la asamblea, pero sin impaciencia. Se habían vuelto desenfadados como los padres; pero más curiosos cuando examinaban detenidamente aquel mundo exterior que los aguardaba más abajo. Si llegaban los padres, el recibimiento era bullicioso como siempre, con unos picos que se habían tornado inmensos y nunca dejaban de piar agradeciendo. No habían perdido la ternura de cuando estaban en el nido. En el medio círculo que se alcanzaba a ver tras los ventanales de la sala, sólo había lugar para tres de ellos, la otra mitad quedaba vacía para comodidad de las golondrinas que llegaban. Todos los detalles de su vida cotidiana mejoraban continuamente. Por ejemplo: cuando un golondrino daba el habitual giro de ciento ochenta grados para colocarse en posición fecal, los otros dos se retiraban inmediatamente. También las plumas posteriores habían crecido del todo.

 En este escenario en constante movimiento, las golondrinas seguían trabajando con minuciosidad, al parecer convencidas de entregar el alimento cada vez a un hijo distinto; aunque en rigor, dadas la incomodidad de embuchar en vuelo, la prisa por volver con más alimento y el encontrarse frente a tres picos abiertos al unísono, la posibilidad de error era muy evidente. De a uno por vez, los golondrinos de la primera fila se alternaban en el lugar con otro que permanecía oculto atrás, y así sucesivamente, adoptando el recién llegado idéntica posición de espera en el borde. No se sabe si este intercambio de lugares dependía del azar o si el desfile para recibir el alimento, había sido establecido por la madre en los días en que había permanecido en el interior del nido. Giácomo tiende a creer que los alimentos pueden llegar a ser suministrados también por padres extraños: la rapidez de la llegada del tercero y cuarto vuelos de abastecimiento así permitían deducirlo. Parecía una línea de montaje. Su método debía ser más pragmático y expedito que el de las primeras semanas. Si cada padre hubiese seguido entregando el alimento sólo a su propio hijo ya tan grande como él mismo, se habrían producido únicamente trastornos en un espacio con entrada única. Esto sin calcular el tiempo necesario para tamaño despliegue. Se habría demorado el normal ciclo de veinte días de permanencia en el nido, y luego, ¡todas fuera, a conocer la vida! Esto hace nacer la duda de sí, para una golondrina, da lo mismo un hijo propio que uno ajeno. También podría ocurrir que las golondrinas fueran tan generosas que no hicieran discriminaciones familiares y que les bastara con reconocerse de la especie.

El sexto día, el penúltimo, a causa de la lluvia y el viento, los padres no aparecieron, ni se vieron los pequeños: fue jornada de ayuno para todos.

El día más bello de la semana fue el último: cuando los golondrinos se decidieron a volar. Desde la mañana, Giácomo los había visto diferentes, inquietos; dos pichones hasta llegaron a pelear entre sí. Antes no había observado conflictos entre ellos. El aprovisionamiento continuaba con la habitual prontitud; pero los golondrinos ya no eran los mismos, giraban la cabecita de un lado al otro y hacia abajo, levantaban sus agitados cuellos, y todo lo hacían con mucha gracia. También peleándose excitados se veían muy graciosos. A menudo, se levantaban para retirarse de la escena, con ese andar de gallina clueca que tienen las golondrinas al desplazarse, luego regresaban, y se asomaban tanto que parecía que, de no haber sido por sus formidables patas prensiles, hubiesen perdido el equilibrio. En suma: el nido ya les quedaba pequeño. Como si fuera poco, desde las cinco de la tarde, las adultas habían interrumpido los vuelos de abastecimiento y ni siquiera se veían en las cercanías. Entonces, no hizo falta ser adivino para imaginar los próximos minutos. Giácomo, con el dedo listo en el disparador de la cámara fotográfica, comenzó a canturrear en sordina una vieja canción italiana de la que solamente recordaba el estribillo de su juventud en Italia:

una de ellas no abría el pico cuando llegaba una compañera con comida...

La asamblea de 28 de febrero

*Sta... sera mi butto,
stasera mi butto,
mi butto con te...* [3]

Había circunstancias en las cuales la lengua materna le era irreemplazable.

De pronto, el primero saltó de veras, y enseguida lo hicieron otros tres.

—Mi asombro —recuerda Giácomo— fue tan grande que, en lugar de pulsar el disparador de la cámara, me puse a aplaudir alborozadamente. Veo todavía sus alas desplegarse de golpe, tan grandes como las de los padres, aunque más brillantes y de reflejos tornasolados. Poco después apareció el quinto golondrino y ese fue el primero que, con gran placer, pude fotografiar. Al salir al jardín, noté que todos volaban en las proximidades de la casa, componían un carrusel menos nervioso que el observado en los adultos sobre Casapueblo[4]; era como un arco elástico diseñado en el aire: daban volteretas más suaves, menos bruscas. Volaban felices, también asombrados, y lo demostraban emitiendo los mismos gorjeos de fiesta y agradecimiento. Ese día, escuché un sonido nuevo: era como un beso aspirado, o mejor, como un ronroneo ruidoso pero satisfecho, y todos lo articulaban. Antes de este episodio, no habría imaginado jamás la increíble alegría de los golondrinos, ni un epílogo tan rápido y natural.

Así termina, Chiquita, la historia de esa nidada de golondrinos que vivieron los primeros veinte días de su vida en mi antigua casa de la Ballena. Aunque no hubo ningún conflicto grave y el final fue feliz, había, sin embargo, algo de melancolía en ese extraño clima de mudanza y de cambios. Pero de ahora en adelante, sería bueno que las historias las viviésemos juntos, ¿no te parece?

---

3 Esta noche me tiro, esta noche me tiro, me tiro contigo...
4 Monumental residencia construida por un famoso pintor uruguayo sobre la ladera rocosa de Punta Ballena al estilo de ciertas villas mediterráneas.

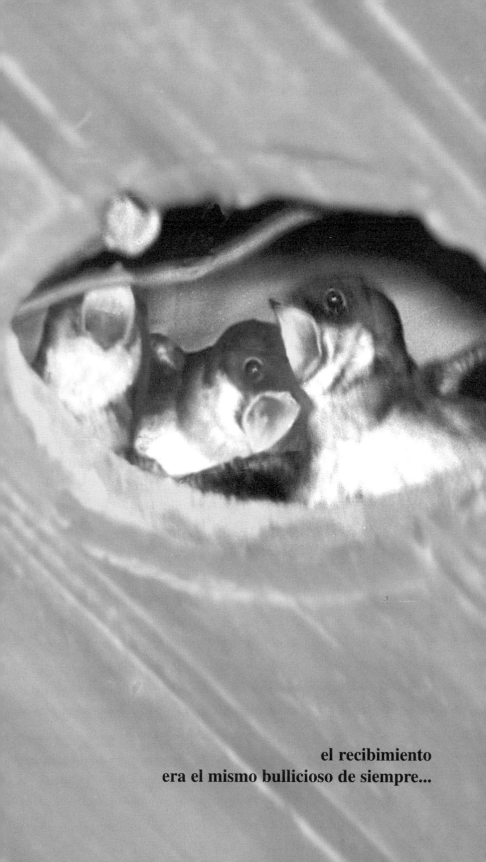

el recibimiento
era el mismo bullicioso de siempre...

La asamblea de 28 de febrero

En pocos minutos la asamblea ha perdido su cohesión. Se dispersa. Las golondrinas se dirigen en pequeños grupos hacia los mismos cables que se extienden más allá de la curva del camino. Los pechos blancos parecen sumar mucho más que antes. No se sabe si la división se debe a la imposibilidad de hallar un líder único para el viaje o a la presencia de familias o a la distribución por clanes. Por el momento se dedican al aseo personal, haciendo acrobacia o graciosas contorsiones a más no poder, con el pico bajo el ala o sobre el pecho, sacudiéndose luego el polvo, como lo haría un perro. Otras, permanecen inmóviles, como en contemplación. Las más inquietas se corren algunos metros, mostrándose amistosas con sus nuevas vecinas, y dan, con el batir de sus alas, una nota distinta al espectáculo. Sólo unas pocas se alejan: posiblemente a explorar los alrededores para ver si hay otras asambleas.

De pronto se percibe una coincidencia estratégica entre los diferentes grupos, que hace instantes ni siquiera podía imaginarse. Controlan, con salidas rápidas e individuales, dos variables climáticas. Una la humedad, que, al cabo de unas horas, empapa las alas y aumenta el esfuerzo de volar, y otra la existencia de corrientes del sur-sudoeste, cabalgando las cuales podrían devorar cada día centenares de kilómetros. En los días anteriores las golondrinas habían calculado (instintivamente o no) la cantidad de alimentos aún disponibles en la zona (desde hace dos semanas no se veían libélulas; aunque hoy han aparecido algunas). En cambio, jamás se han inquietado por el peso y la robustez de las recién nacidas (en el Sur nacen dos nidadas), que son aún demasiado pequeñas para emprender un viaje semejante. Al cabo de nueve mil kilómetros, a ser recorridos en pocos días, prácticamente de un tirón, aquellas golondrinas, las más, llegarán a su nueva tierra prometida; ésa, ésta y otras más, caerán extenuadas o un viento extraño las hará perderse para siem-

el habitual giro de ciento ochenta grados...

La asamblea de 28 de febrero

pre: más del cuarenta por ciento de los golondrinos, nunca llegará a la meta. Las estadísticas muestran pérdidas similares en las migraciones de África a Europa y viceversa. Solamente aquellas provenientes de España y parte de Europa occidental conocen el privilegiado corredor del Estrecho de Gibraltar, que permite cruzar el mar en apenas trece kilómetros.

Lentamente, las golondrinas dejan de probar la intensidad del viento y se quedan quietas sobre los cables. Giácomo abre el techo corredizo del automóvil, se pone de pie sobre el asiento, se asoma para tener así una mayor visibilidad, y de inmediato nota que, a unos cincuenta metros de altura, una pareja de gaviotas vuela en círculo sobre ellos. Caroline fuma, mientras escucha la radio. O quizás sueña despierta; una actitud que a él, que desearía que esté atenta, lo irrita mansamente.

—¡Mira, Chiquita! Es la primera vez que veo gaviotas en este lugar.

—¿Que querrán, Giácomo?

—Supongo que vinieron para espiar, de lo contrario no estarían volando sobre nosotros. Les interesa la asamblea de las golondrinas desde hace quince minutos. Las pacíficas y pacientes aves marinas han venido para verificar las intenciones de las golondrinas. Y se entiende el porqué. El día que éstas decidan marcharse será una fecha importante para las gaviotas y demás aves que no migran.

Hoy las gaviotas no han visto los arabescos trazados por las golondrinas en el cielo, del amanecer al ocaso. Hoy no estan volando sobre las cúpulas de Casapueblo. Por eso las buscan.

—¿Las sigues, Chiquita? Dan un golpe de ala y, sin más movimientos, completan siempre el mismo circuito, mueven la cabeza, miran hacia la reunión y ahora, creo que conversan.

—¡Qué fantasioso eres!
—Te equivocas, la fantasía nada tiene que ver, casi siempre es mejor ver para creer. Volvamos a mirarlas juntos. ¿No te parece una carcajada la respuesta de la segunda gaviota? ¿No notas que no graznan al unísono? Si sólo fuera una coincidencia, en algún momento chillarían juntas. Por lo contrario, es un intercambio constante de frases. El tema de la conversación no lo puedo saber, el método de ver para creer no me sirve más allá de cuanto he dicho. O a lo mejor tienes razón en decirme fantasioso: ciertas veces veo el cielo en el agua y los peces en los árboles como si fuera el chino del proverbio. La ilusión es muy poderosa, Chiquita.

—Pongámonos de acuerdo, Giácomo: después de todo, quién podría afirmar con conocimiento de causa que, mientras aguardan el resultado de la asamblea, no se están contando un chiste. ¿O no has dicho recién que se reían a carcajadas? Entonces queda decidido: están fantaseando sobre su diversidad con las golondrinas, tan organizadas, pobrecitas, y tan veloces, sobre todo cuando al descender parecen como si se deslizaran por un tobogán en el aire. Pero siempre con los minutos contados. En cambio, ellas, las gaviotas viven al día, como auténticos sabios. Toman los peces arrojados en la playa por el gran padre océano y duermen, después, interminables siestas a orillas del mar.

Ahora ambos deciden caminar y se dirigen hacia la cercana playa, como si tuvieran la propiedad de mantener la situación bajo control.

La arena aún está fría bajo sus pies pero ellos siguen andando con placer y soltura, descalzos. El cielo diáfano, propio de los mares del Sur, asegura que el verano aún no ha terminado. El mar envía sus habituales mensajes con el fragor de las olas que rompen a diez pasos de la orilla, agotándose luego en la pendiente arenosa.

Una familia de cuatro cormoranes flota poco más

La asamblea de 28 de febrero

allá del rompiente, se zambullen por turnos durante dos buenos minutos para reaparecer un centenar de metros más lejos. Extrañamente, nunca se los ve con peces en el pico o en el acto de tragarlos.

Aún no se distinguen golondrinas volando. Algunas gaviotas llegan desde el mar y se reúnen con otras al borde del agua. Se están muy quietas y, si alguna persona se acerca, huyen desperdigándose sin alboroto colectivo. Para no perder de vista el sitio de la reunión, la caminata transcurre en un trecho de aproximadamente medio kilómetro, ida y vuelta. La intención es ejercitarse como los otros días.

Caroline quiere saber si las gaviotas escapan cuando alguien se acerca a una determinada distancia, aun cuando grite y sacuda los brazos. Hace la prueba adelantándose bruscamente unos pasos y agitando sus manos: ni siquiera se inmutan. Son muy perezosas. No son voladoras permanentes como las golondrinas. Es tan agradable estarse sin hacer nada y descansar. Tampoco necesitan esforzarse por el alimento: un poco de paciencia y éste atraca en la playa. No deben existir muchas especies menos belicosas y más afortunadas que aquellas. Son capaces de adquirir una inmovilidad de estatua. Y además, son de lo más simpáticas.

el quinto golondrino

Las golondrinas conquistan el nido del hornero

Giácomo no recuerda qué edad tenía la primera vez que, al mirar hacia el cielo, descubrió la presencia de las golondrinas. Pero existe un episodio que nunca podrá borrarse de su memoria. Tendría seis o siete años, era el mes de julio y transcurrían sus vacaciones de verano. Esa tarde no quiso jugar al fútbol, o tal vez no se lo permitieron, que para el caso es lo mismo, y salió a caminar, solo. A poco más de setecientos metros de la casa estaba la *carpenada*, como la llamaban los lugareños. Se trataba de un bosque formado en el cruce de dos caminos bordeados, justamente, por sendas hileras de carpes seculares, bellísimos. Del otro lado de los árboles se extendía un prado de unas dos hectáreas, y al fondo, hacia el valle del río Piave, sobre una pequeña colina, un segundo bosque de carpes, con una caseta dispuesta para pajarear. Se tendió en la hierba, cerca del bosquecillo, y así, de cara al cielo, vio, y el recuerdo permanece aún vivísimo, decenas o centenares de golondrinas trenzándose en un vuelo tan alegre y perfecto, que quedó totalmente sorprendido y todavía hoy experimenta la misma emoción al evocarlo. Continuó yendo seguido a ese sitio, sobre todo cuando acababan los breves chaparrones estivales. Entonces, llegaban todas las golondrinas y parecían enloquecidas de felicidad y frenesí de volar. A veces, sus padres lo acompañaban y en una de aquellas salidas, su padre le contó cómo las golondrinas, lanzadas en picada, alcanzan la velocidad de quinientos kilómetros por hora. Nunca tuvo el coraje de preguntar cómo lo había sabido.

Jamás habría imaginado que un día pudiese hablar de sus vacaciones en Salce, una pequeña aldea de los Alpes, muy cerca de Belluno. En cambio ahora estaba contándole a Caroline de esos tiempos, cuando su familia aún conservaba la vieja casona de los antepasados. En Salce había menos de quinientos habitantes, una cigarrería, una taberna y tan sólo un teléfono; pero sobre todo recuerda la belleza de esos paisajes. Al anochecer, los jóvenes se reunían en la placita y cantaban durante horas las mismas tonadas. La Italia de esos años no ofrecía mucho más: era un mundo cerrado con una economía estancada. Se vivía en un contexto eminentemente campesino. La naturaleza era todo. Casi todo.

De pronto evoca algunas palabras de una canción: "ahora que se usan las férreas vías, en muy pocos días se va, se va" y terminaba con "una carta llegada del Uruguay de amor". Eran romanzas que narraban historias de sufrimientos y casi nunca de esperanza, de vínculos quebrados por la lejanía de quien no encuentra trabajo cerca de casa, de emigrante que rima con amante, y vías que suenan como días. Relatos sin rabia; pero con mucha nostalgia.

Como podía preverse, los coros paisanos se fueron desvaneciendo: otros temas, necesidades más urgentes, se

La alegría del vuelo de las golondrinas

habían instalado en la sociedad de la aldea. Sin embargo, sólo a él le cupo el destino de emigrar. Afortunadamente, la melancolía cesa cada vez que llega el amor. Al terminar de decirlo, Giácomo se sintió como un adolescente tardío.

—Pues claro, Giácomone, pero no te detengas, completa el augurio. De lo contrario sólo te zambullirías en el melodrama. Debes agregar que junto con el amor, llega siempre la felicidad y entonces sí, comenzarás a disfrutar el momento.

—Quisiera estar convencido, mi querida, ojalá fuese tan simple. Creo más bien en un estado privilegiado que existía sin que nos diésemos cuenta. Desapareció justo cuando creíamos haber alcanzado la felicidad, para luego reaparecer en puntas de pie en nuestro inconsciente, como la esperanza que nunca perdemos. La felicidad siempre fue, nunca es. Por eso, nos dedicamos desde siempre a buscarla, para poder regresar al estado anterior. Y si no, ¿por qué casi todos los poemas de la historia recuerdan amores pasados, dichas perdidas?

—En consecuencia, Giácomo, nunca serás feliz. Perseguirás siempre un sueño considerado inalcanzable a priori, y finalmente dejarás de buscarlo. No puedo inscribir mi felicidad en la lista de las sensaciones extinguidas en el pasado, sólo porque, en tu opinión, se trata de una especie de anguila que se escurre al tocarla. No me parece justo, ni conseguirás contagiarme tu escepticismo. Te contaré mi historia. Yo deseaba que los dos estuviéramos juntos más de cuanto pudieras imaginarlo, que viviéramos así para siempre, y eso lo sabías. Pero el tiempo pasaba y yo seguía confiando, pero no ocurría nada. Hasta tal punto que ya no abrigaba esperanza alguna. Créeme, Giácomo, ni siquiera lo soñaba más. Me sentía un gorrión solitario. Luego, súbitamente, tuve la gran sorpresa: en el momento menos esperado, menos soñado, menos todo, te decidiste a venir. Entonces así de simple, y también de golpe, alcancé la felicidad que ya no buscaba. ¿No ves cómo es de sencillo? Así contado, el proceso parece casi elemental, como en la entrevista a ese fulano, autor de un estupendo descubrimiento, que cuenta cuán divertida ha sido la investigación: sólo han habido mil quinientos experimentos fallidos. De la desesperación que lo asaltara en otros tiempos, ni habla. Tampoco yo lo hago. De nada serviría, son cosas del pasado, mi querido Giácomo.

Y ahora atiéndeme, y siente: estoy a tu lado, caminamos a orillas del mar bajo un cielo tan claro y además escucho el fragor de las olas que tanto me entusiasma, sobre todo por ese golpe que dan al romper. Si cerraras tus ojos por un momento como me pediste antes, ¿no te parecería escuchar un caballo encabritado que cae estrepitosamente? ¿Cómo podría no ser feliz? Ya nadie conseguirá alejarte de mí. Estoy segura. ¿Y ahora, Giácomo, puedo gritar?

—Sí, sólo yo te escucharé.

—No grito sólo para ti. Todos deben saber cómo es la felicidad, también las gaviotas, los cormoranes y aun las golondrinas ocupadas en su asamblea. Si no eres feliz como yo, es porque pretendes demasiado. Yo nunca sueño con imposibles. Me alcanzan tu salud, la mía y el amor. Eso es todo. No deseo nada más.

La felicidad —recuerda otra vez— siempre es un sentimiento del pasado, aunque en labios de Caroline suene como un efluvio de impresiones, de cosas afortunadas, de metáforas sustraídas a un destino inútil. Giácomo grita: —¡Prohibido ilusionarse! ¡No sé si alguna vez existió la felicidad! De lo contrario, cuando añoro los días del Liceo que debieron ser felices, podría explicarme por qué me aparecen tan borrosos esos primeros y maravillosos amores. Si hasta se han esfumado los nombres, los rostros y las voces.

Instintivamente casi alza su mano para tocarse y poder sentir si había alguien aún dentro de él, pero sabía que era inútil, porque todos habían partido sin que él se diera cuenta. No debe perderse tiempo buscando la felicidad. De nada sirve la añoranza de los días felices: hay que hacer como las golondrinas que van y vienen sin tanta nostalgia.

Ahora siguen estando allí; continúan con su reunión, no se nota cambio alguno. Ninguna está volando. Son como pequeños iconos vivos, pero en estado de indolencia.

Giácomo cuenta que esta noche ha tenido un sueño. No sabe interpretar el significado de los colores, aun cuando el suyo estaba completamente coloreado.

De esta insólita imagen onírica, no recuerda fase preparatoria alguna. Su inicio fue súbito, y se sentía sumergido o sólo rodeado por una totalidad de personas, paredes, muebles y piso, del mismo color verde claro. Velos ligeros de satín o papel satinado cubrían minuciosamente cada cosa, con su luminosidad pastosa. Ignora el imaginario significado en el libro de los sueños, ni si existen interpretaciones posibles. Tal vez se trate de un llamado implícito en ese bello poema de García Lorca:

> *Verde que te quiero verde*
> *Verde viento.*
> *Verdes ramas...*

Tendido en un rincón, no hablaba; sólo escuchaba una música agradable. No había otros sonidos que pudieran darle un indicio de cuanto ocurría.

¿El verde? —pregunta Caroline—. Nunca me has hablado de ese color. Si fueran el azul o el rojo, podría pensar en otros llamados. ¿Había muchas personas en el sueño? Y él responde que la inmovilidad de las figuras era tal, que pudieron haber sido maniquíes. Está bien seguro de su color verde.

—¿Recuerdas esos versos de García Lorca, Chiquita?

—No. Recuerdo otros, los de "La casada infiel":

Las golondrinas conquistan el nido del hornero

> *En las últimas esquinas*
> *toqué sus pechos dormidos,*
> *y se me abrieron de pronto*
> *como ramos de jacintos...*

Y hacia el final:

> *Sucia de besos y arena...*

Si la poesía terminara aquí, nadie podría evitar que yo sostuviera que Lorca ha querido cantar al triunfo de la adúltera. Pero enseguida se arrepiente, o le han surgido escrúpulos, y el gitano afirma muy seriamente:

> *Y no quise enamorarme*
> *porque teniendo marido*
> *me dijo que era mozuela...*
> *cuando la llevaba al río.*

—¿Cuándo has comenzado a leer poesía?
—Yo era Penélope. ¿Recuerdas? Algo debía hacer mientras aguardaba por ti cual fiel amante. Hoy, podría estar contenta de haber imitado aquel modelo de mujer; aunque haya pasado de moda. ¿No crees?
—Por cuanto me atañe, la lealtad de una mujer es un presente inapreciable. ¿Será *démodé*? Tal vez: la desinhibición reinante podría considerarla como sumisión al amo varón. Pero no quiero distraerme con los recuerdos, quisiera tratar de reexaminar el comportamiento de las golondrinas en su asamblea silenciosa.

Giácomo no cree que estén aguardando un quórum para decidir. Los espacios libres van creciendo a medida que ellas se separan. Pero para ocuparlos, sería necesaria la llegada de aves desde los territorios vecinos. Las de la Ballena están todas en los cables. Ninguna está volando. Las primeras reuniones tentativas han comenzado hace tres días. Un raleado grupo de golondrinas encaramadas en un cable esperaba toda la mañana y, cerca de la una de la tarde, tal vez porque al cabo de tantas horas llegaba el hambre, regresaba a su habitual caza de todos los días. Otras preferían saciarse con sus vuelos acrobáticos hasta el atardecer, cuando los insectos se multiplican de forma asombrosa y no es necesaria tanta búsqueda. Es posible que las unas y las otras fueran las guardianas de la tradición y la supervivencia, intentando constatar las intenciones de sus compañeras. Al tercer día, esta mañana, han conseguido, por fin, convencerlas a todas y entonces, han abierto la asamblea general del 28 de febrero. El día se anuncia espléndido y el verano perdura con sus altas temperaturas. Sin embargo, algunas brisas del Sur presagian su fin. Llegarán los vientos que, allí en Punta Ballena, arrastran aire salobre del mar. Ya no queda tiempo para una tercera nidada: el amor es un fuerte llamado que ahora viene de California. En el Norte aún hace frío: apenas nueve grados, ayer; pero pronto llegará la primavera. Deben irse, aquí parecen haber caído en un estado de tedio y abstinencia.

—¿Y por qué no piensas, en cambio, en su tristeza por partir? Al cabo de seis meses puede ocurrirle a quienquiera de encariñarse con el sitio donde está viviendo. También los gatos se portan así.

—¿Ahora les pides ayuda a los gatos, Chiquita?

—Me sorprendes a cada momento Giácomo: ¿no quieres los gatos? Pues pasemos a los perros, ¿nunca has visto uno triste que no quiera comer? ¿Por qué no pueden sufrir las golondrinas? Debes admitir que ellas también pueden titubear alguna vez.

—Me gustas, sabes, cuando te siento sorprendida por algo o hasta por mí. Creo que el asombro es siempre un don divino y cuando persiste en un adulto es un milagro. Permíteme ahora continuar: me preguntaba hace tiempo, si no estarán reunidas en algo así como un retiro higiénico y psicológico ante la inminencia de la gran fatiga que les espera.

Higiene física, pues, obtenida con un ayuno purgante: no pueden volar de estómago lleno o intestino constipado, como suelen hacer en las semanas previas a la partida. En efecto, en ésta época, las golondrinas ya han acabado la crianza de los hijos y sólo se dedican a descansar y comer libélulas a más no poder, tal como lo hacen los golondrinos.

Pero también higiene mental. Sólo el silencio les permitiría alcanzar una profunda concentración psíquica. Las golondrinas no pueden ni deben distraerse durante el viaje que representa una de las grandes pruebas de su vida. No es comparable con nuestros exámenes donde lo peor es el aplazo. Ellas se presentan para una prueba cuyo resultado no prevé alternativas intermedias: es llegar o morir.

Cuando hablas —dice Caroline— me parece escuchar a un ornitólogo diplomado, especialista en aves de pecho blanco.

Hasta ayer, ella solía mirar a las golondrinas más por casualidad que por placer: en el fondo, las ignoraba. Ahora, en cambio, le despiertan una cierta simpatía, y admira, sobre todo, su forma ágil y ligera de volar. Las encuentra un poco rechonchas cuando se estacionan en los cables aunque resultan decididamente elegantes con su frac negro de pechera blanca tan arrugada y aquellos tintes quemados en el cuello y bajo las alas. Aunque, al mismo tiempo, ese espíritu gregario desorienta a quienquiera las observe críticamente. Una característica fundamental de su organización social que, como se ve, huele a hormiguero, a cosa monolítica, a ausencia de espacios para la creatividad individual.

En cambio Caroline ama la libertad, el horario flexible de trabajo, la música country; y a veces, demasiadas veces, se había sentido tan sola como un gorrión solitario.

La alegría del vuelo de las golondrinas

Libertad y soledad habían sido dos situaciones constantes en su vida. Tomar una porción de cada una le había permitido sobrevivir. Ahora se sentía más libre que nunca; jamas podría aceptar, como aquellas golondrinas, ese destino de imitación y de masa.

Giácomo lamenta no ser ornitólogo experto en las costumbres de las golondrinas. A lo sumo, ha seguido el método empírico. Por eso todo lo referido, o lo ha observado y de ese modo lo manifiesta, o son hipótesis coherentes con la conducta de las aves, que de todos modos habrán de ser confirmadas lo antes posible. Por ejemplo: todavía no sabe si son monógamas antes de poner los huevos, o mientras dura la alimentación de los pequeños. Aunque ya sabe que el período de gestación es de dos semanas, ponen en general de dos a cuatro huevos y los pichones antes de escaparse, permanecen en el nido unas tres semanas. Ha observado tres parejas establecerse en el mismo sitio y no ha podido controlar los nidos, pero imagina que debían de estar separados. Las que entraban al nido al anochecer, eran siempre las mismas seis; llegaban de distintas direcciones, casi a un tiempo, y antes de entrar, volaban rasando la piscina, dándose el último chapuzón de la jornada. Más tarde, pudo notar cómo, aun después de que los golondrinos volaran del nido, los padres continuaban alimentándolos en los sitios más variados: canalones, cables telefónicos, muretes, y hasta en vuelo. Este período dura dos o tres días, a veces más, y es cuando también se dedican a los primeros cortos vuelos en las cercanías. Durante estos ejercicios, los golondrinos cometen errores de toda especie. Les resulta difícil coordinar los movimientos de las alas con los de la cola, al intentar torcer a la derecha o la izquierda. Algunos hasta llegan a creer que para torcer el rumbo sería suficiente un suave giro de la cabeza en la dirección deseada, en cuyo caso el resultado es siempre caerse dando tumbos en el césped. Cuando ello ocurre, alguna golondrina adulta, tal vez un padre, acude de inmediato. Nada hace por ayudar al caído, ni con el pico ni de ninguna otra forma desconocida. Se posa a su lado en silencio y observa.

Este gesto de apoyo se aprecia aun más cuando el infortunio ocurre en un prado tupido, en cuyo caso para levantar vuelo los pequeños accidentados entran a aletear como gallinas en un pajar. No ocurre igual si han aterrizado en un camino, o en una terraza, o en la misma playa, donde descienden a menudo para hurgar con el pico en la arena. Qué buscan en estos casos, Giácomo no lo ha entendido. Supone que se trata de algas o coleópteros bajo la arena. Efectivamente, en una ocasión observando el sitio donde poco antes había visto una golondrina atareada, halló un escarabajo incompleto, pero no ha podido probar que fuera alimento del ave. De todas formas se trata, indudablemente, de un alimento para el futuro de la especie.

Por fin, los golondrinos emprenden un vuelo más comprometido; pero siempre en presencia de los padres, que vuelan pocos centímetros por debajo y, de ser necesario, los sostienen con sorprendente pericia sobre el dorso, como ocurre ciertas veces. Por lo general son recorridos de unos doscientos metros, al cabo de los cuales los pequeños continúan solos hasta aterrizar. Sin duda, los golondrinos nacen con gran habilidad natural: salen volando del nido y enseguida se lanzan a la aventura. Aprobado este examen, que es como una puerta de acceso al mundo, se vuelven del todo autosuficientes, salvo por el domicilio nocturno.

Giácomo está seguro, lo ha percibido al avanzar para observarlas de cerca, de que las golondrinas pueden distinguir a las personas individualmente; aunque no sabe si sólo ocurre cuando las consideran peligrosas.

Pasado un mes de los vuelos de práctica y a pocos días del gran éxodo, estaba sentado en el jardín leyendo el diario, un poco olvidado de todo lo referente a las golondrinas y a los pichones que aún pasaban la noche en el nido familiar. Súbitamente, un sonido inconfundible lo arrancó de aquel breve paréntesis: cómo no recordar aquel ronco grito de guerra. Era el que las golondrinas lanzaban cada vez que no podían entrar al nido. Entre un pequeño grupo de ellas, que revoloteaban normalmente, individualizó una que, de tanto en tanto, chirriaba en actitud amenazante. Volaba más lentamente y clavaba su mirada hacia donde él estaba.

A la mujer del jardinero, quien, al ver la escena, le gritaba, asustada, que se echara a tierra, alcanzó a responderle con ironía: —¿Cómo pretendes que huyan ochenta kilos de hombre frente a veinte gramos de golondrina? Observa, si quieres, y al reparo. Ya te lo explicaré todo.

Mientras tanto, la golondrina, su pico extendido hacia delante, entraba vertiginosamente en picada hacia el rostro de Giácomo que, apenas había alcanzado a ponerse de pie y proteger su frente con el brazo, sentía un desplazamiento de aire rozándole los cabellos. Por suerte, a menos de un metro del blanco, el ave se desvió ligeramente. Fue, a su modo, un aviso. Lo había reconocido. O tal vez, en verdad quiso atacarlo. Y en el último instante viró para salvarse.

Es difícil cuantificar la capacidad de juicio de las golondrinas; pero es manifiesto que piensan. Reconocer un enemigo, al cabo de más de un mes, y atacarlo o, si se quiere, simplemente amenazarlo, es contar con un mecanismo de memoria y decisión asimilable con nuestro propio esquema de comportamiento. De acuerdo con los parámetros de causa y efecto, la venganza sólo podría nacer de la cólera. Pero nadie sabe si el proceso lógico siempre sigue igual camino. Podría admitirse que las golondrinas sean enojadizas por naturaleza y que, por lo tanto, sus rencores no desaparezcan fácilmente, tal vez por pereza; pero en tal caso estaríamos haciendo un razonamiento malicioso o peor, demostraríamos una actitud acomodadiza. Porque también las golondrinas de la reunión de hoy, que al principio parecían haberse juntado tan sólo con el fin de verificar el consenso para iniciar el viaje, ahora están demostrando una conducta que se vuelve mucho más racional. De no ser así, al finalizar la temporada partirían sin tanta asamblea. Giácomo sostiene que la reunión que se inició al percibir el cambio de estación próximo a suceder y la consiguiente disminución de la presencia de insectos debería descomponerse en dos momentos: uno instintivo y el otro absolutamente racional. Cuando ello ocurre todas las golondrinas advertirían un estimulo genético, una especie de mensaje dramático: "hermanas, pronto no habrá qué comer".

El método razonado llegaría a continuación: queridas congéneres, si queremos escapar del peligro del hambre, purguémonos, reunámonos y, sobre todo, aguardemos el momento propicio para emigrar (un sistema de alta presión y fuertes corrientes que favorezcan la primera parte del viaje).

Para Caroline, las golondrinas viven conforme a un modelo totalitario y Giácomo admite que puedan causarle esa impresión. Mas no a él, desde pequeño las ha admirado y aún goza contemplándolas volar. La calidad del vuelo de un volátil, que no es solamente la capacidad de mantenerse en el aire, es una virtud exclusiva de ciertas aves, como la agilidad al saltar lo es de una gacela, y alcanza para justificar la admiración de quienquiera, por una golondrina, por ejemplo. Pero si también se requiere el certificado de buena conducta, entonces será necesario analizar su modo de ser y actuar.

En primer término la organización: ciertas veces parece cimentada en el gregarismo. Gregario podría asociarse a imitativo, vulgar. ¿Y por que no reconocerle solidaridad, afán de pertenencia? Toda especie de volátiles tiene la tendencia a vivir en grupo y a confluir en cualquier espacio donde pueda organizarse la búsqueda del alimento y la construcción de nidos para las nuevas familias. En el caso de las golondrinas, su actitud podría parecer gregaria. Giácomo sabe que en toda ave migratoria, el sentimiento de colaboración con las hermanas nace y se refuerza sobremanera durante el viaje de migración. Juntas soportan hambre, lluvia y terribles vicisitudes, que no siempre son las mismas. Pese a ello, nunca pierden su natural elegancia en toda situación, ni tanto menos ceden, por pusilanimidad, su dominio sobre los territorios conquistados. Ponen en evidencia, tal vez como ninguna otra ave, una actitud complaciente con los golondrinos, que, una vez dejado el nido, tardan en desacostumbrarse a ser embuchados. Por fin, la continua comunicación entre ellas cuando vuelan, con esos brrrip, brrrip de satisfacción por el último insecto atrapado o el éxito de una maniobra de gran dificultad.

No hace mucho, en el mismo período entre la salida de los golondrinos del nido y la iniciación del gran viaje, Giácomo presenció un ataque programado contra un numeroso grupo de golondrinas encaramadas en la antena de Casapueblo, por parte de una bandada de teruterus, que en la región son llamadas más simplemente teros. Se trata de aves zancudas varias veces más grandes y robustas que las golondrinas, con patas muy largas, más propensos a andar hurgando por los jardines que a volar. Impacientes, seguramente, por ver sus vuelos y paseos impedidos en todo el espacio ocupado por las golondrinas, olvidados, tal vez, del resultado de rebeliones anteriores, habían decidido medirse en una nueva confrontación aérea para abolir de una vez por todas las fronteras, tal y como ocurre en la temporada invernal, cuando no hay golondrinas.

El asalto comienza con el gran alboroto de un numeroso grupo de zancudas que fingen pacer en los prados adyacentes. Han llegado poco a poco y en silencio, aun de lugares alejados, para apoyar y alentar a sus hermanos. En los días y horas anteriores, Giácomo no los había visto cerca de su casa: por lo general se concentran en los jardines de Portezuelo, más allá de Punta Ballena. En las mañanas, cuando caminaba por la playa, los veía deambular en los jardines linderos, en parejas y desganadamente, pero siempre alertas. Nunca los había tomado en cuenta, parecían extremadamente medrosos. En cambio, en ese momento debía reconocerles la capacidad de organizarse de acuerdo con una estrategia combinada por tierra y por aire. En efecto, se encontraban todos reunidos en el territorio de las golondrinas, con tareas diferentes y previamente asignadas a dos grupos.

Se acercan los combatientes; aquellos cuyo rol en la tribu les impone avanzar primeros. Lo hacen articulando, a modo de grito de batalla, desordenados y continuos teru, teru, a los que hacen eco muchos más desde el suelo. Llegan hasta dos metros del objetivo y, en un continuo aletear, se mantienen una decena de segundos en el lugar. El dilema de seguir o regresar los bloquea. Luego, se vuelven un centenar de metros como si abandonaran el objetivo, pero enseguida reanudan el ataque, aparentemente más resueltos. Ahora se ven realmente enfurecidos, el escándalo de los combatientes y sus aliados en tierra es ensordecedor. El teru, teru ya es un rugido: son como perros azuzados, aunque retenidos por una fuerza invisible. Tanto ladran, que parecieran capaces de despedazar hasta el metal de la antena; pero no muerden; nuevamente se detienen a dos metros de ella. Las golondrinas, vistas con prismáticos, no tienen un instante de hesitación: continúan impasibles en la tarea de arreglarse las plumas con el pico. ¿Cómo es posible, uno podría haberse preguntado, que no reaccionaran ni mostraran el mínimo acto reflejo de sobresaltarse ante una amenaza tan cercana? Pero no ven y ni siquiera escuchan, o por lo menos así lo parece. Su indiferencia agota el ardor de los agresores, que, cansados y, probablemente orgullosos de haber protestado como en los años anteriores, se retiran.

Para las golondrinas, la guerra de las pequeñas zancudas ha sido tan hipotética como la rebelión de las nubes bermejas; han actuado como espectadoras distantes, sin decir siquiera esta boca es mía.

El turno de los teros no llegará mientras estén aquí las aves de pecho blanco, pero en su obstinado atavismo jamás han de entenderlo. La paz regresa, los teros se van todos juntos, y regresan silenciosamente a los jardines donde siempre han pacido cumpliendo la función de los gansos romanos del Capitolio a la llegada de extraños.

—Mientras dura esta paz provisoria, que me parece casi evanescente, dime, Giácomo: ¿te agradaría más habitar en tu antigua casa de la Ballena entre golondrinas siempre dispuestas a dar espectáculo?

—Ahora estoy en una fase estética diferente. ¿No fue lo convenido? De todos modos nuestro actual domicilio es más apto para la búsqueda de la felicidad.

—La felicidad puede caer sobre uno dondequiera y en cualquier momento, mi querido Giácomo. No debería ser necesario crear antes una atmósfera de "Claro de Luna".

—Ya sé que eres una especialista en la materia, ¿pero no será más difícil con tantos conflictos? Debe ser más accesible la felicidad en un ambiente armonioso.

—No tiene nada que ver. En televisión ves cosas peores; hay ciertos folletines donde el amor no transcurre en ningún lecho de rosas. Pero aún no me has respondido claramente.

—Me encuentro muy bien donde estoy. ¿Aún no te has dado cuenta? No me dan ganas de dejarme condicionar por el espectáculo. Te prometo que el año próximo también lo tendremos en casa. Te lo aseguro, Chiquita.

—Me parece un circo muy difícil de llevar a domicilio. ¿No has conseguido que te aceptaran cuando estaban bajo el pórtico de tu casa y piensas que las golondrinas vendrán a la nuestra como quien va a misa obedeciendo un precepto?

Las golondrinas conquistan el nido del hornero

—Colocaré bajo nuestro pórtico tres casetas hechas a medida y muy atrayentes. Aguardaré y aquellas han de venir para construir sus nidos, deberías tenerme fe. Pero sigamos con el análisis de la conducta de las golondrinas. Con seguridad no te gustará oír que la falta de piedad e indulgencia sólo son actitudes de fachada, coherente con su estilo y con la necesidad de verse fuertes frente a enemigos mucho más aguerridos. De lo contrario se habrían ya tornado crueles y sanguinarias. Ciertas veces era necesario hacerlo, pero hasta ahora no lo he visto.

—¿Estás seguro de que sólo se trata de coherencia?

—Buena pregunta, Chiquita; pero la ausencia de contradicciones, a la larga indica justamente un aspecto de su carácter.

Cuando llegan desde el Norte, al cabo de miles de kilómetros de un viaje terrible en el que muchas han caído y las demás parecen haber llegado cansadas y desmoralizadas, gastan las últimas energías que les quedan en un interminable carrusel de vuelos en zigzag. En un primer momento, siembran algunas dudas y cierta confusión: parecería una fiesta de aniversario porque todos los años, para la misma fecha, huyen de los norteños fríos otoñales para no faltar a la cita con la primavera del Sur. Pero pronto se percibe que aquella no es una fiesta. Están simplemente avisando que en ese territorio no se acepta la coexistencia con nadie. Tarde o temprano, todos deberán marcharse.

Los pájaros menores son los primeros en desaparecer, prefieren retirarse a sus nidos o al suelo. Actúan como cuando llega un ave rapaz: se ocultan en silencio. En los días siguientes regresan los primeros gorriones, son los únicos en adaptarse. Revolotean pocos metros a la redonda, y enseguida se ponen a escarbar como gallinitas sobre el césped, que consideran el sitio más seguro.

Debido a sus patas cortas y alas largas, las golondrinas prefieren posarse sobre cables, ramas, antenas y bordes de techos, desde donde pueden desplegar sus alas y emprender fácilmente el vuelo.

Las aves que no se retiran son expulsadas violentamente a picotazos. Pero por lo general las víctimas son los pájaros que vuelan en el espacio que ellas han asumido como propio. Si no los expulsaran, las golondrinas se sentirían despojadas de su cetro de supremas voladoras.

El primero en ser arrojado lejos de allí ha sido el hornero. Éste toma su nombre de la forma del nido que construye a semejanza de un pequeño horno de pan. Su estructura esférica fácil de construir con barro, paja y algo más, lo hace muy resistente al paso del tiempo. Internamente está dividido en dos compartimentos: uno junto a la entrada, para detener el viento, y el otro, mayor, para dormir y empollar.

Una pareja de horneros había construido su nido, sobre una viga al raso de la misma casa en que las golondrinas habitaban el desván. La hembra que lo ocupaba, dividía su tiempo entre estar echada y esporádicas salidas de pocos metros para alimentarse en el césped cercano.

Giácomo observaba los movimientos del ave, sin descubrir nada anormal; nada que alterara esa secuencia previsible.

Un día, a fines de enero, tres golondrinas de las tantas que continuamente se posan sobre la antena de la casa como centinelas, se abalanzaron sobre la pobre hornera mientras volaba del nido al prado. La primera vez, no ocurrió nada grave, y la víctima continuó empollando normalmente; pero de allí en adelante ya no hubo paz: las golondrinas se tornaron cada vez más agresivas y al cabo de tres días la hembra de hornero lo abandonó todo: nunca más volvió al nido. Aquella intrusión se había vuelto insoportable: la tolerancia no se avenía con su índole. Sólo más tarde se hizo evidente que no era el nido lo que deseaban, ya que al terminar el conflicto no lo ocuparon: lo limpiaron para luego abandonarlo.

Las golondrinas conquistan el nido del hornero

A las golondrinas no parecía inquietarlas ni la duda ni la vacilación en su determinación de acabar con cualquier intruso; habían comenzado con un hornero y en el transcurso del mismo mes encontraron otro al cual dedicarse. Podrían repetir la rutina tantas veces las invadieran. Esta última vez, sin embargo, resultó sorprendente, porque las golondrinas encargadas de la acción violenta no eran las mismas que solían encaramarse sobre la antena y beber en la piscina, sino otras, venidas de afuera, con evidentes designios de cumplir misiones específicas y peligrosas.

Una pareja de horneros había instalado su nido, antes de la llegada de las golondrinas, en lo alto de un farol, a unos treinta metros de la casa, sobre el camino que pasa frente a Casapueblo. Lo que a continuación ocurrió, podría parecerse a una escena de una vieja película de suspenso en cuya ficción se simula, con la ayuda de espejos y otros efectos especiales, una bandada de pájaros que se han vuelto crueles.

Ese día, sin embargo, Giácomo vio ocho golondrinas de las mayores, reales y no de ficción, cuando llegaban juntas desde el otro lado de la península. En ese momento aún no sabía si habían venido por sí solas o si fuese un pedido de auxilio. Suponía, entonces, que podrían haber partido de un albergue común donde sólo viven los machos sin pareja.

Hoy, recordando el episodio a pocas horas de la partida general de las golondrinas, comprende que debe localizar, hoy mismo si fuera posible, el sitio del que partieran las ocho golondrinas, el refugio común de los machos solos, y una vez lo encuentre, deberá observar si los machos parten hacia el Norte solos o junto con el resto de las que emigran.

Desde lo alto de la casa, el farol con el nido y las golondrinas que lo rodeaban volando se veían más bajos y muy cercanos. Desaparecidos los pechos blancos, las sitiadoras se habían transformado en pájaros muy negros que aleteaban de modo regular y simétrico alrededor de su objetivo, sin emitir el menor chillido de guerra. Esta pequeña bandada de pájaros negros imponía un clima de suspenso sólo por estar al acecho. Al cabo de pocos minutos, comenzó a asomar por la puerta del nido, que apuntaba al Este, primero una cabeza de hornero, luego la otra, hasta que finalmente la pareja de horneros salió del nido. Miraron a su alrededor asustados y un poco adormecidos, piando sumisamente. Parecían antiguos recitadores de jaculatorias que enunciaban sus preces en voz baja pero creciente hasta que, posándose sobre el techo del nido, iniciaron a viva voz una protesta con todas las fuerzas. Es posible que pidiesen auxilio, aunque éste nunca llegó. El cerco se cernía cada vez más. La patrulla de plumas negras persistía en su rotación y simulaba arrojarse sobre ambos horneros que se ubicaron entonces sobre el techo de la casa, desde donde gemían desesperadamente, a dúo. Una pareja de golondrinas, que no era parte del grupo de las ocho, aterrizó de inmediato sobre el techo del nido. Los horneros ya resignados o aterrados se marcharon y también lo hizo la patrulla, en la misma dirección de donde había venido. El episodio no duró más de un cuarto de hora. Las dos golondrinas emprendían cortos vuelos de pocos metros para enseguida regresar, pero de a una. El nido no quedó solo en ningún momento. Una de ellas había intentado varias veces entrar en él, mientras la otra daba a entender que no estaba de acuerdo. Por fin, ambas comenzaron a escrutar su interior y parecían charlar entre sí, o tal vez elogiaban al hornero; pero luego, inexplicablemente, desistieron de entrar. El resto del día lo pasaron uno al lado de la otra sobre el techo del nido y de pronto comenzaron a girar armónicamente en una especie de danza; se veía tan placentera como si estuviera destinada a hacer olvidar la violencia del ataque a la morada de los horneros. Por fin, la pareja se relajó: los "intrusos" habían sido expulsados y el nido, hermoso como un palacio, conquistado. Podían entonces dedicarse a los arrumacos, restregando los picos de uno y otro lado. Ciertamente eran las galanterías previas al apareamiento, pero no llegaron a tanto. La época de empollar ya había pasado.

Pocos días después, un colibrí, acaso el único a salvo de su rastrillaje belicoso, porque nada podía robar ni escamotearles ya que se nutre del néctar de las flores, osó atravesar el territorio. Otras veces alguno solía delatar su presencia diminuta revoloteando en el jardín bajo el agua del chorro de riego. Su insignificancia física no debía llamarles la atención. Ese día, sin embargo, una golondrina se lanzó en su persecución; pero aquel, mucho más veloz y con mejor capacidad de esquivar a la agresora, consiguió escurrirse cumpliendo numerosas maniobras acrobáticas, para luego desaparecer de la vista en el reflejo del mar. Fue la última vez. Nunca más volvió Giácomo a ver allí colibríes.

En la casa del pintor, Casapueblo, hay tres palomas blancas. Coincidente simbolismo en el taller de todo artista cuyo numen inspirador es Picasso. Deberían ser el símbolo de la paz, pero, a veces, sólo son decorativas y transmiten humanidad a las paredes totalmente blancas. No precisan volar por allí para alimentarse porque encuentran en la casa del pintor todo lo necesario. Raras veces emprenden el vuelo, escasamente cincuenta metros, no más. Tal vez quieran comprobar si aún son capaces de hacerlo. Justamente uno de tales vuelos, suscitó la ira de dos grandes golondrinas que se arrojaron de inmediato sobre la paloma (o sobre el símbolo de la paz) y por poco la destrozan, visto el ardor empleado. La paloma maltratada aterrizó inmediatamente en un pequeño patio interior de Casapueblo, y se quedó allí, arrullando.

En cambio, las aves más grandes no son expulsadas, se retiran por su propia cuenta y con la mayor dignidad hacia otros espacios. Las gaviotas, cuando al anochecer regresan a sus nidos en la isla de los Lobos, lo hacen por lo general bordeando, del lado del mar, el territorio de las golondrinas. Van en apretada formación, como si temieran un ataque, y solamente si aquellas ya se han replegado a sus refugios antes de la puesta del sol.

—Pero no siempre ocurre de ese modo. Una vez, y acepto desde ahora que sólo fue una. Era el mismo día del ataque de la golondrina en el jardín, en proximidades de la piscina. Estaba yo saliendo de casa para emprender una caminata por la Panorámica[5] y sin buscar nada especial en el cielo, acaso por costumbre, mis ojos se toparon con una gaviota volando de Sur a Norte a gran velocidad, como nunca antes lo viera, por una ruta insólita para ella; pero había más: una enorme golondrina, realmente mayor que las otras, la perseguía rabiosamente. Nunca había visto una gaviota gambeteando; pero era justamente lo que intentaba, si bien frente a la ágil golondrina, dejaba en evidencia la desventaja que le imponía su torpeza. Te lo aseguro, Chiquita, la golondrina no le daba paz: la atacaba por la derecha, por debajo, por el lado opuesto, y la gaviota, con el doble de amplitud de alas y un físico lo menos cinco veces mayor en tamaño, huía aterrorizada. La riña no pudo haber durado más de cuarenta y cinco segundos, tal vez un minuto, luego ambas aves desaparecieron tras los pinos. Quedé impresionado por las inusuales dimensiones de la golondrina. No era un águila, pero nunca antes había visto una tan grande.

—Tal vez no fuera una golondrina, te habrás equivocado.

—No. No lo creo, era una golondrina mayor, del mismo color, con idéntico pecho totalmente blanco y la

---

5 Ruta turística que corre por el dorso de Punta Ballena, permitiendo la vista "panorámica" hacia ambos lados.

El hornero en su nido

Una pareja de golondrinas aterrizó sobre el techo del nido...

Las golondrinas conquistan el nido del hornero

cola que conocemos. No quisiera ser presuntuoso, Chiquita, pero creo no equivocarme cuando se trata de golondrinas.

—¿Las hay más grandes?

—Hasta ahora sabía que, en la familia de los hirundínidos, sólo las golondrinas negras del Canadá son mayores, pero nunca las he visto por estos parajes. Tal vez fuera un Leónidas.

—¿Leónidas? No entiendo de quién hablas.

—De una golondrina acaso tan valiente como aquel antiguo rey de Esparta, que no tuvo miedo. No tener miedo no es natural, ¿verdad?

Pero no quisiera descuidar el caso del gato, dos o, tal vez, tres días más tarde de la aparición de Leónidas. Aquélla fue una semana provechosa: estaba yo sentado en mi habitual sitio del jardín cuando me sobresaltó el extraño maullido de un gato. Desde lo alto se veía tan negro como la noche. O aun más. Era de aquellos que traen mala suerte, y andaba por la callejuela inferior, frente a la entrada de Casapueblo. Maullaba y giraba mirando hacia arriba, casi llegué a pensar que sus lamentos estaban dirigidos a mí. Para no perder la costumbre, comencé a maldecirlo, en todas las formas conocidas: ¿pero qué quieres conmigo, gato feo y de mal agüero? Y él continuaba sus maullidos con tanta intensidad que varios paseantes se habían percatado y nos miraban sonrientes. De pronto veo llegar desde lo alto cuatro golondrinas en vuelo rasante, que comienzan a hostigar al gato que marchaba solo por el medio del camino. No sé cómo el gato consiguió darse cuenta de cuanto ocurría, pero súbitamente como empujado por el instinto giró sobre sí, se asentó sobre tres patas y colocó la restante en posición de defensa. La movía y hacia girar de a tirones, mientras continuaba maullando desesperadamente. En verdad aquellas golondrinas no eran auténticas *kamikazes*, nunca descendieron a menos de un metro del suelo, pero repitieron el vuelo dos veces para

parecían charlar entre sí...

que el mensaje quedara claro. Tras la segunda amenaza de ataque, el gato, al percibir una puerta abierta en Casapueblo por la que entraban turistas, se entreveró entre las piernas de las visitantes, desapareciendo aliviado en el interior de la casa.

Era el mismo aviso que yo había recibido. Quedé de lo más sorprendido, le había atribuido a los pecados del gato una magnitud mucho mayor que a los míos.

—¿Pecados, Giácomo, qué puede hacer un pobre gato?

—¡Pobre gato, un cuerno! Aquel ni bien puede se come a las golondrinas mientras empollan, o aguarda al acecho pacientemente para engullirse a los pichones. Y eso, no porque sea un gato negro, cualquier color vale. Sin embargo, en este caso lo buscaban a él, así como la otra vez, cuando yo fui el atacado, estaban a la caza de un individuo con gafas de sol. Te diré, Chiquita, que siempre soy partidario de las golondrinas. En caso de elegir, nunca vacilaría. Nunca tendría un gato.

—De acuerdo, Giácomo, conozco tu antipatía prejuiciosa, pero de la prepotencia de las golondrinas, ¿no dices nada?

—Estos dos episodios, ciertamente no pueden tomarse como paradigmas de comportamiento; pero la conducta de las golondrinas, criticable si quieres, aunque siempre coherente frente a las otras etnias volátiles, inclusive las mayores, me impulsa a pensar en un futuro diferente. Si su presencia no estuviera limitada a un corto período anual, sin duda dentro de muchas generaciones, en lugar de la habitual repartición del territorio, llegaría a su fin uno de los habituales conflictos por la supervivencia de las razas favoritas.

—¿Realmente lo crees así, Giácomo?

—Éste es el núcleo de la selección. Más no puedo decir, no tengo los conocimientos específicos, ni sé quien prevalecería. En este caso se trata de un proceso fuera de lo común, porque los actores se miran mal durante seis meses y durante otros tantos no se ven y la mecha se apaga en su memoria. Es por ello que aun careciendo formalmente de piedad, todavía no se han vuelto sanguinarias.

—Tu simpatía por las golondrinas es bastante curiosa, tienes muchas otras de carácter cultural o político, aunque no tan persistentes. Me cuentas que empezaste a sentirla cuando tenías siete años. No te critico, Giácomo, no te quisiera frío y distante, o peor, egoísta. Bienvenido sea entonces el madrugón de hoy y mucho más, si siempre te acompaño; pero no olvides que yo estoy a tu lado todos los días para recibir y dar caricias; las golondrinas, hoy o mañana, se volarán. Mis intereses no van en tantas direcciones: me gustan los árboles y, en general, me atraen todas las plantas. Con ellas me siento a mis anchas y mantengo un diálogo permanente. El otro día, no recuerdo dónde estabas, visité cerca de casa el Arboreto Lusich. Aseguran que es el más rico del mundo en variedad de vegetales. No he visto plantas con flores, pero sí cantidad de árboles grandes, pequeños y frondosos, en toda la gama del verde. Me gusta éste color, que sólo quien ama las plantas aprecia y distingue. Es un color que me tranquiliza. Entre los chinos el color verde es femenino y reflexivo. Hay allí árboles que, al caminar entre ellos, parecen moverse a mi encuentro. ¡Cuántas cosas me dicen! Soy bello, soy dulce, estoy triste, mira mis ramas, toca mis hojas.

—¿Cómo los alivias si están tristes?

—¿Recuerdas que cuando me visitabas, algunas veces encontrabas una planta con las hojas marchitas o demasiado caídas y la vez siguiente la encontrabas alegre?

—¿Cómo lo conseguías, Chiquita?

—La acaricio, le hablo, a veces pongo música, la riego, remuevo su tierra y en pocos días, se nota el cambio.

Tres horas en el bosque pasaron como un suspiro.

Si no me equivoco, estaba serena. Me agrada mucho éste estado, penetra en todas partes, hasta la última molécula del cuerpo, en la conciencia también, creo. Debería ser la beatitud de los religiosos. Acaso esté exagerando, pero eso es lo que siento.

Giácomo en un impulso repentino corre hacia el mar y se zambulle cuando rompe una ola, "No pierdas de vista la asamblea", le grita a Caroline. En estas latitudes el agua del océano varía de fría a menos fría; jamás es templada, ni tibia. Ahora es soportable y no se ven en ella las manchas oscuras, huellas de barro, que deja la corriente del Río de la Plata cuando su fuerza supera la del océano.

Gran número de peces nada cerca de la costa, son demasiados, es evidentemente un cardumen. Se escurren en todas las direcciones, aun entre las piernas, y hasta saltan fuera del agua.

Algún pez, si lo alcanza súbitamente una segunda ola más próxima, es arrojado a la playa, envuelto en grandes contorsiones, tentador e indefenso.

Las gaviotas, siempre perezosas y para nada sorprendidas, inician el banquete cediéndose educadamente el puesto en la primera fila, mientras desmenuzan y engullen el bocado. Por lo contrario, cuando los peces son mayores que lo habitual, aguardan pacientemente a que dejen de sacudirse tanto y sólo entonces, los toman en consideración. La cantidad de peces que el océano arroja sobre la playa por la noche no es presa para pescaderos ni alimento para gaviotas. Son simplemente como tantos objetos que se suman a los otros abandonados por los bañistas el día anterior. En ese caso, los aguiluchos, visto el desinterés de las gaviotas, se arrojan sobre la playa devorándolos como antes, en el bosque, ya deben haber hecho con ratas, conejos salvajes y culebras. Se comportan como verdaderos buitres.

Un espectáculo aparte lo constituye el comportamiento de las diversas especies de aves atareadas e indife-

La alegría del vuelo de las golondrinas

rentes unas de otras. Conviven pacíficamente sin las golondrinas, que por el momento se han declarado fuera de juego. Es una situación especial y sólo ocurre hoy, víspera de su partida, y hasta septiembre, cuando van a regresar. Entonces, ocuparán como siempre el mismo espacio, crearán nuevas familias, y luego los golondrinos aprenderán a volar, renovando la experiencia interrumpida seis meses atrás. En el transcurso de sus vacaciones en el Norte no se dan situaciones sustitutivas de dominio: antes bien, parecerá como si al aire se le hubiera quitado el atributo de la alegría.

La ruta migratoria

Las golondrinas son paseriformes pertenecientes a la gran familia de los Hirundínidos, del latín *hirundo*. En italiano *rondine*, en francés *hirondelle*. Giácomo ya ha aprendido los nombres de los tipos mas populares: el avión de plumaje azul oscuro y pecho blanco, la golondrina de ribera que se cría a orillas de los ríos; y en América del Sur la golondrina acerada y la vizcachera. Son diferentes especies, conforme al continente que habitan, pero todas sin excepción poseen pies pequeños, cola ahorquillada y son cosmopolitas. A cada especie le corresponden tres subespecies de estatura bien diferenciada. Baste pensar que, para compensar el peso de una de las mayores, hacen falta tres de las pequeñas. Emigran todas en el mismo período, ocupan los mismos territorios y vuelan juntas respetándose amigablemente. Sin embargo, cuando agrupadas se encaraman en los cables u otros soportes, pertenecen a una sola de las subespecies y muy difícilmente se mezclan entre ellas. Tienen, entonces, igual estatura, similar porte y carecen de manchas de color distinto. Frente a ojos poco expertos, pasarían por ser todos clones de una misma ave de pecho blanco; sin embargo, al observarlas mientras andan en lo alto de un muro o sobre el parapeto de la terraza cercana al nido, pronto se percibe una ligera diferencia en la longitud de las plumas de la cola y las alas. Algunas las arrastran por el piso como si llevaran un manto que las obliga a inclinarse ligeramente hacia delante. En una ocasión, una golondrina de cola más larga había intentado aparearse cerca del nido, pero el intento fracasó debido a la escasa indulgencia de la propietaria de las plumas más cortas. Lastima que no fuera benévola, se preocupó Giácomo: habría ayudado a conocer ciertas costumbres. Desde ese momento, él comprendió que una de las características de los machos, al menos la más visible, es la mayor longitud de las plumas de la cola. Por lo contrario, estas características todavía no son visibles en los golondrinos.

En esta época suelen mudar sus plumas y todas, machos y hembras, se las arreglan continuamente con igual coquetería.

Giácomo nunca presenció un apareamiento al aire libre. Con seguridad, lo hacen en el nido o en el sitio elegido para construirlo. La probabilidad de que ellas deseen hacerlo privadamente, no deja de ser un interrogante.

Para confirmarlo y, eventualmente, descubrir otras costumbres, volverá a Punta Ballena en septiembre, cuando las golondrinas regresan. Quiere observar de cerca toda la etapa del cortejo. Imagina que lleguen sin vinculo de pareja y que sean los machos quienes se dediquen de inmediato a la búsqueda del lugar más sugestivo y de mayor protección. Contar con un buen nido sería el primer paso para atraer a la hembra deseada. Luego, co-

La alegría del vuelo de las golondrinas

mo en otras especies, serán los machos los que entablarán las habituales competencias de vuelos acrobáticos y sonidos especiales, para hacerse notar. Pero tener el nido de la temporada anterior abrevia el revoloteo de cortejo para atraer a la hembra deseada. En cuyo caso nada de gorjeos ni acrobacia sino tan solo un par de golondrinas satisfechas con la antigua morada. Otro aspecto importante de su conducta familiar es el abandono del nido. Lo dejan siempre luego de la segunda nidada, pero Giácomo no sabe como se comportan al término de la primera. Quizás solo uno de ambos se marcha, o, inclusive, buscan juntos una casa nueva, libre de los parásitos de la primera. Y con razón, porque construir un nuevo nido no requiere mucha elaboración, tiene la forma de esas copas de boca ancha, y en dos días ya puede habitarse.

Ahora Caroline parece haberse desalentado de tanto misterio y preferiría irse a casa, mientras Giácomo se siente como atado a esa ceremonia alada que cada vez mas le concierne y lo cautiva.

—Al menos, Giácomo, podrías llegar a explicar: ¿por qué nunca pasa nadie por éste camino?

—La soledad en si misma, como bien recordarás, puede llegar a ser una compañía interesante.

—Giácomo, ya sabes: se trata de algo más concreto. Me bastaría con un vendedor de café, hoy aún no he tomado nada. Tan solo una pequeña taza de café. ¿No es mucho, verdad?

—Un poco de paciencia, Chiquita, la partida de las golondrinas bien se merece un poco de abstinencia.

—No imaginaba que las golondrinas iban a exigirme tanto. Asumo el sacrificio. Pero mientras esperamos, quisiera oír más acerca de esa historia de la migración de las golondrinas a California. ¿Crees realmente que irán tan lejos? ¿No existe algún lugar más cercano? Por ejemplo, Fortaleza, en el norte de Brasil. Cierta vez, de regreso de Italia, el avión hizo una escala técnica allí. Era pleno invierno y sin embargo hacia un calor de sauna.

—Nunca debemos olvidar que migran por necesidad. Ya sé que te lo dije, pero soy un poco obsesivo, perdona. También hay quien lo hace por otros motivos. Yo, por ejemplo, podría incluirme, sin enfatizarlo demasiado porque no estoy del todo seguro, entre aquellos que tienen una cierta tendencia a la aventura. En cambio tu caso parece distinto. ¿Por qué migraste? Te trajeron de pequeña, ¿verdad? ¿Y Darwin?, ¿y Garibaldi?, ¿por qué vinieron hasta estos lugares para ellos remotos? ¿Por estudio, por vocación o por necesidad? Como ves, los impulsos originales divergen bastante de unos a otros, pero hay una sola línea ideal que nos une, sin quererlo: en el fondo, todos somos emigrantes, aun siendo un tanto diferentes. Tenemos un motivo más para amarnos.

Ahora imagina que hace millones de años que las golondrinas recorren el mismo camino. Y que en esa aventura se vienen perpetuando los comportamientos, las vicisitudes, los probables conflictos, y su inexorable fatalismo que las impulsa a seguir siempre adelante.

Ya estamos en pleno vuelo: hablemos de otra golondrina famosa que no batió ningún récord, como aquella del santuario, pero tiene la sugestiva atracción de lo incierto. Hace tiempo, Chiquita, cuando las golondrinas aún no me importaban tanto como ahora, leí en la tercera página de un periódico una noticia bastante graciosa, que de inmediato me supo a fábula útil. Escúchame: un fraile suizo habría dejado escrito, hacia 1200, que un residente del convento había atado a la pata de una golondrina, mientras ésta aún se encontraba en el nido, un diminuto papiro preguntando dónde iría en primavera. Y grande fue la alegría de los habitantes del convento cuando al cabo de varios meses vieron que había llegado al mismo nido una golondrina trayendo la respuesta: "el verano me lo paso en África".

La alegría del vuelo de las golondrinas

—Muy simpática, Giácomo, pero inverosímil como todas las fábulas. Me recuerda la simplicidad de las leyendas cantadas por los juglares, que siempre me han gustado. Además, ha llegado en el momento adecuado porque hasta hace dos minutos pensaba que eras el único admirador de las golondrinas. Por lo visto, debe haber otros.

—Que otros se hayan sentido inclinados hacia las golondrinas confirma un antiguo y constante deseo del hombre en descubrir los secretos de las migraciones y la necesidad de estudiarlas poniéndoles pequeños anillos metálicos en las patas para determinar los diferentes lugares de traslado.

En cuanto al estudio a que se la somete, además del recorrido, sería bueno analizar, aun a grandes rasgos, el comportamiento de las golondrinas y como se distribuyen en el continente. Cuando llegan en septiembre, no pierden tiempo en búsquedas vanas; se dirigen a los sitios que conocen desde hace generaciones, donde algunas de ellas nacieron, y que prefieren por la abundancia y variedad de insectos. La presencia de las golondrinas no es por lo tanto uniforme. Aparte de la costumbre, otros factores de diferente índole las empujan a decidir de forma restrictiva. Por citar alguno de esos lugares que no eligen, se puede decir que las ciudades, sobre todo los grandes centros, no así los suburbios arbolados, son evitados debido a la creciente contaminación que junto a los insecticidas químicos quiebran el ciclo de procreación natural de los insectos. Tampoco desean las zonas boscosas de montaña, sea por la escasez de alimento, sea por la habitual presencia de aves de rapiña. Desde este territorio, donde habitan seis meses desde quién sabe hace cuántos millones de años, todavía no se han propagado a las zonas adyacentes. Han intensificado sus visitas a las alturas arboladas del interior, para constatar el proceso de poblamiento de la zona y la posibilidad de colocar ni-

La ruta migratoria

dos en las nuevas casas. Ciertamente no dejan de observar los eventuales cambios de la fauna de insectos. Actualmente, aquella es todavía un área de caza compartida con los rapaces aguiluchos; pero vuelan en diferentes horarios. Hoy, o en estos días, deben emigrar como todos los insectívoros, porque la naturaleza les será hostil y les arrebatará el alimento. Entonces viajarán de día para poder alimentarse en vuelo. No se trata de ir simplemente a invernar, como quien se refugia de la temporada de bajas temperaturas, trasladándose a sitios con clima benigno del mismo hemisferio. El frío no representa un peligro mortal para las golondrinas, ya que podemos encontrarlas en Ushuaia, en el extremo austral, o en el Mar Blanco, en el boreal. Tienen una necesidad genética excluyente, son insectívoras. Hasta ahora, las golondrinas no codician un alimento distinto al que la Naturaleza les ofrece generosa y cómodamente, y gracias al cual, no deben enfrentar riesgos inútiles. Si el clima cambiara, tal como se pronostica, es posible que en ciertas zonas fijen sus tiendas para siempre.

En la Edad Media, cuando todo lo que no podía comprenderse adquiría la justificación del milagro o el calificativo de misterioso, se consideraba imposible que las golondrinas emigrasen. Eran parte inseparable del territorio y, como tales, estaban bajo el mismo dominio feudal. Por consiguiente, no podían marcharse. Cuando en otoño, de todos modos, desaparecían del cielo, se suponía que un letargo las había quitado del medio, aunque persistía la duda de que hubiesen sufrido una metamorfosis, transformándose en peces de estanques y pantanos donde alimentarse.

Hace algún tiempo, Giácomo se dedica con entusiasmo a la búsqueda de fechas, hechos y noticias útiles para formular una opinión creíble sobre el proceso de migración de las golondrinas. Al principio, él pensaba que las golondrinas tenían el hábito de reunirse, en su carrera para remontar el continente, con aquellas que encuentran en su camino, dando origen a una interminable caravana. Sin embargo, conforme a los datos recogidos, las columnas (o tal vez habría que llamarlos flujos migratorios hacia el Norte) son tantas cuantos los territorios desde los que ahora provienen. Y sea que lleguen desde el extremo sur de la Patagonia o desde la Argentina en general, se desplazan, junto con las de Paraguay y Uruguay, de forma autónoma hasta converger en la cuenca del río Paraguay.

Para trazar el resto de su recorrido hasta el Norte, podría recurrirse a los mapas aéreos, sin perder de vista la peligrosidad de los largos recorridos sobre el mar y la altura de los Andes desproporcionada para quien solo vuela hasta mil metros de altura. Aunque si se tiene en cuenta su tamaño excesivo con relación a su minúsculo peso y a la fuerza del viento, mil metros resultan una enorme altura. Tampoco podrán olvidar que, para alimentarse durante el viaje, deberán sobrevolar ciertos sitios apropiados por la abundancia de insectos, y que necesitarán árboles o cables donde reposar por la noche.

Toda vez que Giácomo no ha podido obtener noticias exactas acerca de cuestiones puntuales, seleccionaba entre los comportamientos observados en otras especies migratorias durante las largas travesías, aquellas actitudes que razonablemente más se acercan a las de las golondrinas. Las estrellas guían el camino de algunas, pero otras viajan de día. Como éstas, las golondrinas se orientan ante todo por la posición del sol desde el alba y luego también lo hacen con ríos, lagunas y lagos, que en éste continente son particularmente numerosos; pero eligen, como referencia útil, aquellos que, por su cercanía con pantanos, cañaverales y charcas, constituyen el hábitat de toda clase de insectos. Se sabe que, llevados por el viento, los mosquitos se elevan en grandes nubes hasta cruzar, fatalmente, la ruta de las golondrinas, que siem-

La ruta migratoria

pre usan las corrientes, como si se tratase de fluidos corredores aéreos donde volar más fácilmente. Sin embargo, ésta no es la única forma en que descubren la presencia de insectos: demasiado aleatorio sería alimentarse, si solo dependiera de toparse con el alimento. Cuentan con una extraordinaria capacidad visual y, ante todo, con su natural idoneidad para evaluar las condiciones del territorio subyacente, que, aun no siendo zona pantanosa, representa, por razones diversas, tales como la fermentación vegetal en áreas de precipitaciones frecuentes, una fuente segura de alimentación.

Las características alimenticias del terreno sobrevolado se vuelven, por tanto, los verdaderos accidentes topográficos del mapa de vuelo y forman parte, desde tiempos remotos, de su memoria colectiva. Sobre tal trazado las golondrinas jóvenes seguirán a las ancianas más expertas, que, luego de tantas en tantas generaciones, transmitirán el testimonio, y el recorrido permanecerá siempre igual. Al menos sobre este punto las golondrinas comprendían el valor del pasado para encarar el futuro.

Hace algunos años, Giácomo había leído en un periódico brasileño que una bandada de golondrinas había vagado durante días desorientada, y supuestamente también hambrienta, sobre el gran lago que en pocos meses se había formado río arriba de la represa de Itaipú. Esta obra colosal había modificado radicalmente, a lo largo de cientos de kilómetros, la geografía del lugar, donde antes había un dique menor y un pequeño lago, ciertamente con algún sector pantanoso. El flujo de las aguas que, al momento del paso de las golondrinas, aún corría con rapidez, habría paulatinamente disminuido su velocidad apenas se inundara toda el área de la represa. Los primeros estancamientos de aguas quietas y pantanosas que se formaran seguidamente, constituirían, al parecer, el ambiente propicio para el ciclo reproductivo de los insectos; sin embargo, el viaje no podía continuar mientras

La alegría del vuelo de las golondrinas

las golondrinas no pudiesen resolver su enigma de un itinerario interrumpido por el cambio de paisaje entre una migración y la siguiente. Como de costumbre, una patrulla, de las que por lo general se desprenden de la columna principal antes de llegar a destino para observar el terreno, o durante el vuelo en casos de emergencia, se habrá lanzado a la búsqueda del anterior camino. A continuación habrá registrado el cambio y el nuevo lago en su brújula mental, dando por terminado el momentáneo extravío.

Éste es un caso límite, para ser registrado en el libro de los récords, ya que ninguno de los proyectistas de la gigantesca represa pudo imaginar que el panorama previo a los trabajos había quedado fijado en la memoria de las golondrinas. Tanto menos pudieron prever que la repercusión de éste episodio habría sido fundamental para divulgar, por la prensa de todo el mundo, la existencia del Lago de Itaipú. Pero las dificultades no solo nacen de casos extremos. Diseminadas a lo largo del recorrido las situaciones resueltas hace centenares de años, pueden reaparecer actuales y agigantadas. Fue un hecho notable el hallazgo en pleno verano y luego del deshielo, de millares de cuerpos sin vida de golondrinas. La noticia, aparecida en los periódicos, daba cuenta de que el sitio de la mortandad se encontraba en los Alpes italianos, y sobre la directriz del habitual recorrido de sus migraciones. Una tempestad de nieve, totalmente inesperada para fines de marzo, había arrollado una gigantesca columna de golondrinas que cruzaba Italia, en plena mudanza desde el África hasta el norte de Europa, sepultando de un soplo a un pueblo entero de golondrinas en un cementerio de nieve.

Las primeras etapas del gran viaje son recorridas normalmente. Cuando se encaminan las nuestras, las que parten desde Punta Ballena, tuercen hacia el noroeste y encuentran un territorio rico de grandes y caudalosos ríos: el Río de la Plata, el Paraná, el Uruguay, y también, aunque no en gran número, vastas lagunas. Siguen el curso del Paraná hasta su confluencia con el Iguazú y las cataratas homónimas. Continúan en la misma dirección hasta donde se interrumpe la frontera entre Brasil y Paraguay y nace el nuevo Lago de Itaipú. Después de haber cruzado el trópico de Capricornio, que coincide con la latitud de São Paulo, los primeros grupos llegan a la cuenca del río Paraguay. Aún están en condiciones óptimas, conservan la misma carga de energía que el primer día. Ni siquiera las más jóvenes han sufrido grandes bajas. Ha pasado una semana, el tiempo que habitualmente emplean, gracias sobre todo a que partieron en el momento meteorológicamente exacto, como ocurrirá sin duda en esta oportunidad.

Hasta ahora han volado, con la ayuda de los vientos, distancias diarias de entre trescientos y quinientos kilómetros, recorriendo, entre Punta Ballena y la cuenca del Paraguay, el tramo más fácil del viaje. Luego, entran en la zona de las grandes lluvias y aquí comienzan los verdaderos tropiezos: al principio, las lluvias caen esporádicamente, luego, a medida que avanzan, se van haciendo más frecuentes hasta tornarse casi continuas. Las pausas entre un chubasco y otro son más que breves. El nuevo tramo hasta la cuenca del Amazonas no es, en cuanto a su longitud, muy distinto del anterior, aunque sí lo es el esfuerzo necesario para proseguir. El viaje, que transcurría rápidamente, se torna lento, muy fatigoso y ahora sufrirá demoras que no dependen de ningún hipotético calendario genético sino solamente de la calidad del clima. Entonces, deben necesariamente encontrar un sitio donde detenerse; pero de nidos: ni hablar. Se acomodan lo mejor que pueden y, de ser posible, en cañaverales, un emplazamiento que la experiencia les indica como el más protegido de las frecuentes incursiones de las aves de rapiña. Con el arribo de nuevas columnas de golondrinas, llegan a formar, en medio de la naturaleza más áspera, campamentos de centenas de millares, pero todas en blanco y negro, de la misma especie. Luego, aunque el recorrido sea el antiguo y también lo sean las dificultades a superar, la gallardía y unanimidad de intenciones, que siempre las acompañan, tienden a enfriarse y dan lugar, entonces, a un impaciente disentimiento, pero no tal como para que afecte la voluntad de continuar. No tienen el tiempo ni se sienten con ganas de delimitar el territorio, porque se apresuran en partir toda vez que la lluvia lo permite. Y si esta no las detiene, tampoco los Andes lo consiguen aun cuando su incapacidad de sobrevolar picos tan altos debe de haberlas impulsado a procurar, desde tiempo inmemorial, un paso accesible y poco peligroso, que todas siguen atravesando. No puede estar muy al sur, donde la cordillera aún es muy alta y maciza, y las costas del Pacífico, que seguramente conocen, están intercaladas con desiertos donde acabarían, vanamente, por descuidar los sitios tan ricos en alimentos de la Amazonia. Podrían, sin llegar a Maracaibo en Venezuela, decidirse por fin a cruzar una de las cadenas andinas en Colombia, no mucho antes de Bogotá, y luego, remontando los valles del Cauca o del Magdalena, desembocarían muy bien para enfilar el Mar Caribe. El cruce de Centroamérica por el mar ha sido el último gran desafío de la migración. No se sabe a lo largo de cuántos siglos intentaron un recorrido alternativo pero seguro saltando de isla en isla con la ayuda de las corrientes favorables, por las Antillas, Puerto Rico, La Española y Cuba, hasta México, o afrontando en un desgastante y agónico vuelo sin etapas, la tarea de sobrevolar el Caribe. Por cierto, ambos recorridos tienen la ventaja de ser los más directos y breves hasta la isla de Cozumel, la isla de las golondrinas en lengua azteca, cerca de la península de Yucatán. Pero luego de que tantas golondrinas hubieran muerto en el intento, el mar fue seguramente

La ruta migratoria

descartado y reemplazado por el istmo de Panamá, rico en vegetación para arribar de noche, con aguazales llenos de insectos y fácil de recorrer por las intensas corrientes ascendentes. De todos modos, el curso antiguo sobre el mar no será descartado totalmente, como tampoco lo ha sido el salto del Mediterráneo entre Sicilia y Túnez. Las golondrinas que pasan la primavera y el verano en Italia, no conocen otro pasaje. Lo mismo ocurre con aquellas de la costa de Brasil, las Guayanas y Venezuela.

El viaje que, con vientos favorables debería durar de tres a cuatro semanas, puede sufrir atrasos imprevistos. Pero la única causa es meteorológica, en cuyo caso no sirve la voluntad de las golondrinas para torcerla en su beneficio. Todo el resto lo dominan a fuerza de tenacidad y de la inteligencia del "prueba y reprueba". Son realmente extraordinarias estas avecillas de aspecto tan endeble que, aun con un peso menor al de un bolígrafo, afrontan el gran vuelo como un hecho natural de la vida.

En teoría, tendrían la oportunidad de establecerse permanentemente en regiones de clima siempre favorable a la reproducción constante de insectos, pero son muy escasas las pequeñas comunidades que eligieron esta alternativa. La Amazonia es un ejemplo de ello: con su concentración permanente de insectos y su clima de temperatura casi constante, podría ofrecer hospedaje sin interrupciones estacionales. Sin embargo, es evidente que las golondrinas prefieren, para construir sus nidos, los techos de casas e iglesias, o las salientes bajo los puentes, donde se sienten protegidas y no expuestas, aun de noche, a la lluvia. Por el momento se han vuelto sedentarias algunas colonias de Egipto y de la Argentina central. La numerosa cantidad de insectos que, a lo largo de todo el año, acompañan a las grandes manadas de ganado en la Pampa, son alimento suficiente. Casi todas desean el viejo nido, el paisaje conocido y el aparearse con la misma compañera, donde sea posible y siempre y cuando ésta no haya encontrado antes otra pareja de plumas más largas.

No cabe duda de que harán todos los esfuerzos posibles para llegar antes del 21 de marzo: habrá mucha gente esperándolas. Todos saben que con ellas llega la ilusión de un tiempo que se renueva.

Caroline lo ha estado escuchando en silencio porque prefería que él agotara ese vasto repertorio de su mundo de golondrinas.

—Giacomone —dijo ahora ella percibiendo que él se había callado esperando un comentario—. Me asombra: y sé que no estás jugando a contarme una fábula. Debes haber consultado el Atlas muchas veces para recordar todos esos sitios. El viaje no puede ser tan diferente de como lo has contado. Me ha parecido un recorrido creíble y, sobre todo lógico, aunque extrañamente no has mencionado a los golondrinos: ¿cómo se comportan durante el viaje? ¿Y antes de partir? ¿Y los aborígenes? ¿Porque no has pensado en los vigilantes?

—¿Ves? La curiosidad incita las preguntas. ¿De qué vigilantes me hablas, Chiquita?

—Aquéllos vienen después, son los intérpretes momentáneos de una de mis fantasías. Antes explícame con qué espíritu se presentarán los golondrinos a la salida. Si mal no recuerdo, los de la última nidada nacen a fines de diciembre o principios de enero. Tienen apenas dos meses para crecer, aprender a volar y a capturar mosquitos en vuelo. También deben estudiar la acrobacia mínima necesaria para poder escapar del asedio de alguna ave rapaz cuando están solos y, sobre todo, entrenarse a fondo. Te pregunto: ¿los padres, que les enseñan a no ensuciar el nido, les informan de algún modo de la dureza del viaje, o pensarán en cambio que su orgullo natural, ese espíritu espartano que les atribuyes, será siempre suficiente para salvarse? ¿No te parece cruel tal conducta?

—Puede serlo. Aunque todas pasan por las mis-

La ruta migratoria

mas experiencias. La crueldad es un acto que, si se cometiera con plena conciencia y hasta con complacencia, sería contrario a la naturaleza. Si me convencieras que las golondrinas actúan en forma antinatural y con placer, morirían inmediatamente dentro de mi corazón. Cuando, por el contrario, se trata de un modo de vivir permanente, la consideramos una conducta inflexible consigo y con los golondrinos. Éste es nuestro caso y mi convencimiento. Por otro lado, no pueden partir sin ellos.

—No Giácomo, no digo que los dejen abandonados, ¡pero caramba! al menos que posterguen un mes la partida. Ni siquiera me has hablado del comportamiento de las golondrinas que sobreviven frente a aquellas que caen. Para mí deberían al menos mostrarse turbadas. ¿Te consta esto? Cuando una joven golondrina cae extenuada o a causa de una inesperada tormenta como la que asoló los Alpes italianos, ¿cómo se comportan las otras? No espero que me respondas que lloran, no sé si tienen glándulas lagrimales, pero en determinadas circunstancias las has visto cariñosas. Cuando les enseñan a volar, bien que sostienen a los principiantes inexpertos. Tengo miedo de que me asegures que continúan volando como si todas fueran madres espartanas, orgullosas del sacrificio de sus hijos. ¡Qué horror! De todos modos no puedo cambiar una coma de sus costumbres: parten y muchas o pocas llegan hasta la Amazonia. Es allí donde los aborígenes entran en escena: agrupados en torno del fuego frente a su cabaña, acaban de asar varias rodajas de la última serpiente capturada y la están comiendo alegremente. De pronto, una nube de pájaros, un verdadero huracán, se abate sobre los árboles vecinos. Ocurre todos los años. Sin embargo esta vez temen que los dioses se hayan encolerizado debido a esa víbora que cazaron pese a la prohibición del hechicero de la tribu; pero luego recuerdan que cuando aparece el dios de la luz, los pájaros de pecho blanco siempre se van, y entonces se duermen

La alegría del vuelo de las golondrinas

tranquilamente. Pero la paz no durará mucho, al día siguiente, luego de calcular desde hace cuántas lunas no se ve algo similar por esos parajes, surgirá la duda de que los dioses los manden cuando la planta de coca comienza a deshojarse. Algunos hombres de la tribu están muy convencidos, mientras otros opinan que los dioses nada tienen que ver con la coca ni con la víbora. Se trata de otra de las patrañas inventadas por el hechicero para conmover a los ingenuos.

—Tal vez tu cuento sea menos fantasioso de lo que crees. Por lo menos hemos tenido pensamientos parecidos: has hecho de las golondrinas las verdaderas protagonistas de tu relato, nada menos que enviadas de los dioses. Pero hablemos de esto más tarde. Ahora Chiquita, desearía volver a tu comentario acerca de su comportamiento. Lo calificaste sin eufemismos como conducta cruel. Es al menos injusto aunque a simple vista pueda parecer adecuado. Imaginemos lo que ocurriría si no partiesen en la fecha de todos los años. Estoy de acuerdo en que, continuando con el entrenamiento, los pequeños alcanzarían un estado físico si no óptimo, al menos más lógico para afrontar la tremenda fatiga que les espera. Pero acaso, ¿no has pensado en las otras, en los padres, los tíos, los abuelos y en aquellas que no vivían en pareja? Con seguridad muchas, si no todas, y sobre todo estas últimas, tratarían de repetir o descubrir el juego del amor. Por consiguiente, vendrían los nuevos golondrinos, que por fuerza deberían partir algún día porque "siempre habrás de hacer lo que hice". Así es la ley de supervivencia de las golondrinas. Tu alternativa, sería una verdadera revolución. Una situación se vuelve atípica si se impone una nueva realidad que no tiene nada en común con la costumbre. Las crueldades provocan rebeliones y a veces revoluciones, mientras que en nuestro caso, las golondrinas parecen crueles solo porque hacen funcionar todo normalmente, conforme a la tradición. Me resulta mucho

La ruta migratoria

más difícil explicar la actitud de las sobrevivientes hacia las caídas y, sobre todo, hacia los hijos. De todos modos trataré de hacerlo y espero convencerte.

—Convénceme. No te será fácil. Es difícil explicar que ante un hijo muerto sus padres no se desconsuelen.

—Creo que todo comienza y termina en la percepción. Se trata del proceso mediante el cual se recibe por la vista, el oído y los otros sentidos, los datos de la realidad objetiva. A continuación, cada individuo elabora la información recibida de distinta forma: algunos llegan a turbarse, a otros les entra la vibración del alma, la desesperación. No conocemos otra forma de percibir el dolor.

Considero que la actitud de las golondrinas aparece ligada, en principio, a dos edades diferentes. Cuando aún están en el nido, aprenden a volar y a seleccionar los mejores insectos, las he visto piar alegremente, regocijarse, turbarse frente a los padres y maravillarse la primera vez que se lanzaban del nido, en resumen: constantemente sorprendidas. En la edad siguiente, cuando ya tienen familia, todo se transforma en deber, en educación. Es decir que para las más jóvenes todo resulta maravilloso, mientras que las adultas ya no se asombran por nada. Solo se enfurecen si es necesario, y siempre con el mismo criterio. Tal como lo hacía aquella que muy enojada limpiaba el nido ensuciado por los golondrinos. Pero más que nada continúan educando, Nunca cesan de hacerlo. Porque nunca han sido cariñosas tal como lo entendemos nosotros: los golondrinos que llegarán al final del camino habrán visto que todas las veces sus madres proseguían, sin dar nunca señal de detenerse. Mañana, ellos habrán de hacer siempre lo que la madre hizo.

Ahora Chiquita, si estás de acuerdo, deberías decirme por fin: ¿dónde aparecen los vigilantes?

—Ése es simplemente un juego. Pensé en él cuando contabas las peripecias de cientos de miles de golondrinas que llegan juntas al mismo sitio, y que para

La alegría del vuelo de las golondrinas

seguir viaje deben aguardar a que deje de llover. A veces, si imaginas intensamente una situación, te parece verla o escucharla, como si estuvieras presente. Oí a los pobres golondrinos piar tristemente, porque nadie les había avisado de los peligros de la lluvia y de la escasez de alimento en ese sitio con tantos picos hambrientos. Luego, alguien se adelantó, una golondrina muy grande, afirmando que era necesario contar con un servicio para mantener el orden. He sabido que siempre comienza del mismo modo: orden, estado de emergencia, respeto de las columnas por los horarios de salida, y de inmediato aparecen los vigilantes voluntarios. Los he visto, eran aún pocos. Algunos tenían el pico torcido y las plumas muy largas, emitían sus gritos roncos y enojados; pero no continuaré, no quiero ofender a tus queridas golondrinas. No sé, Giácomo, ¿esto te parece cuento o triste realidad?

—¿Quién sabe? Si fuese cierto me desilusionaría mucho. No, no lo creo, son seres totalmente libres. Considero al gregarismo, que mencionas a menudo, como una necesidad logística de todas las aves migratorias. Nunca el viaje se hace en soledad.

Giácomo dudó si tal vez "nunca" era una palabra demasiado tajante. En todo caso, se conformó, correspondía a lo que hacían la mayor parte de las aves. Y se da como una hazaña insuperable el viaje en solitario a través de los mares de la golondrina del santuario.

—Chiquita, mientras aguardamos, ve hasta casa, te tomas un café, y de regreso me traes algo. ¿Quieres? Yo esperaré aquí, deseo ver cómo se comportan si no se marchan. La asamblea continúa y nosotros participamos de ella aun sin invitación.

—No, no te dejo solo, yo también esperaré. Esta quietud es una nueva forma de aventura. De todas formas las golondrinas no partirán hoy. Veo muchas volando sobre nosotros. Esta mañana, ninguna lo hacía. Será

87

mejor acercarnos a los cables para controlar de cerca lo que está ocurriendo.

—Buena idea. Yo también he comenzado a sospecharlo hace una hora. Ahora estoy seguro. No lo lamento, nos conviene una asamblea que no se agote en poco tiempo. La recordaremos mejor si dura un día o más. Este tipo de reunión solo ocurre una vez por año. Necesitaríamos otras.

Giácomo presentía que sucesivas asambleas podían desvanecer alguna de sus dudas. Pero también podían acentuarlas: la naturaleza, pensó, era como un lienzo infinito y cada vez que se develan incógnitas surgen otras tan inquietantes como las ya esclarecidas. ¿Quién sabe todo sobre alguien, ni sobre uno mismo?

—¿Sabes, Giácomo —lo sorprendió juguetona Caroline—, que he tenido otra fantasía? —y se sonrió agitando la mano en el aire como si se propusiera que la mano aleteara—. El año que viene, previendo tanto calor como hoy, deberías tratar de colocar, frente a los cables donde se encaraman las golondrinas, una gigantesca pantalla virtual, mostrando grandes enjambres de libélulas revoloteando tranquilamente. Sería la única manera de mandarles un mensaje: Vamos, no se marchen. ¿No ven que aún quedan libélulas?

—¿Y cuando descubrieran que también los espejismos se acaban, cómo lo resolverías, Chiquita, con otra transmisión? ¿Hasta cuando?

—Siempre me hablas de la fuerza de la duda, pero fíjate que de ese modo, también en ellas nacería una incertidumbre y nos reservarían la asamblea para el día marcado por nosotros, eventualmente menos caluroso. Ya no aguanto más, Giácomo, créeme.

Ahora ambos vuelven al auto. Se sienten cansados, pero inquietos y atentos a cuanto los circunda. Enseguida descubren que, tras una curva, en un sitio del

La alegría del vuelo de las golondrinas

paisaje no tomado en cuenta anteriormente, se ven unas treinta golondrinas de pequeño tamaño. Tampoco éstas articulan sonido alguno. En diez minutos, se han ido dos veces a la playa, y luego han regresado al mismo sitio. Otras dos golondrinas, más grandes, están apartadas sobre otro de los hilos y, sin embargo, junto a las primeras. Una de ellas revolotea por un instante y luego vuelve rápidamente a posarse junto a la otra. Se trata de dos machos y están cerca de las pequeñas, sin mostrar la menor intención de abandonarlas. ¿Qué desean, por qué lo hacen? Las hipótesis posibles son diversas. Desde proclamarse tutores de indefensas hermanas menores, hasta haber sido enviadas con ese propósito. Mañana, cuando las otras partan, se verá si las acompañan y entonces sabremos si sólo eran desocupadas o si se trata de custodias.

Giácomo y Caroline siguen el camino y descubren, aquí y allá, grupos de golondrinas encaramadas en los cables lejanos. Parecen alborotados corrillos de hinchas de fútbol comentando un partido que, a último momento, no se ha jugado. Hablar de frustración, no es posible; de incumplimiento de promesa por parte de las golondrinas que no han partido, no conviene: porque mañana, el espectáculo continuará. Y ellos seguirán estando allí cual espectadores cautivos.

Al llegar al auto, sienten gran agotamiento, porque han estado de pie por tanto tiempo. Caroline se acomoda de inmediato en el asiento, mientras Giácomo, mirando las golondrinas que han quedado, trata de descubrir el significado de tanta espera, terminada sin ningún cambio. Sin embargo, el hecho no tiene explicación, debe ser simplemente aceptado.

—No es cierto, Chiquita, que todas las desilusiones llegan al amanecer, cuando mueren los sueños. Fíjate en los crepúsculos: suelen remitir casi siempre a la melancolía, a los adioses. En cambio, las sorpresas vienen por sí mismas en cualquier momento. Mira ensegui-

da hacia arriba, en lo alto.
—¿Dónde?
—Frente a nosotros, casi sobre la ruta Panorámica, de este lado. Toma los prismáticos, Chiquita, los encontrarás debajo de mi asiento.
—Ahora los veo muy bien, Giácomo: un aguilucho y tres golondrinas. El rapaz continúa su vuelo recto, como si las otras no lo atacaran por todos los flancos.
—¡Es asombroso! Sólo esto faltaba. No las creí tan audaces. Los aguiluchos las superan obviamente en corpulencia y poseen formidables garras y pico. A menudo he deseado ver tal enfrentamiento, y luego pensaba: no, no lo harán, la diferencia es excesiva. Evidentemente los aguiluchos tienen alas demasiado grandes como para hacer piruetas.
—¿Qué ocurrirá ahora, Giácomo? ¿Lo harán caer?
—No lo creo. Ciertamente lo pondrán en fuga. Los aguiluchos han recibido el último aviso de la temporada. Les advierten sin darles chance: "pueden ir a la costa con las gaviotas que fingen no verles, comer los peces podridos que aquellas desprecian pero no pasarán impunemente sobre nosotras. Hoy somos tres, aunque si fuera necesario seríamos mil". Con una valentía innata. Por eso me gustan las golondrinas, porque nunca desisten, ni siquiera el último día.
—Solo te faltan las alas de las golondrinas, Giácomo. Tales actitudes aún te resultan importantes, ¿no es así?
—En cambio, Chiquita, sigues pensando que aquello del "soldado que huye, sirve para otra guerra" vale para todos; sin embargo, nunca he visto golondrinas escapando.
—¿Entonces...?
—Entonces cierro los ojos, Chiquita, y espero, y a veces ruego, que todos lleguemos a ser individuos libres como las golondrinas.

—Puedo aceptar el concepto, pero no estoy tan de acuerdo con la supuesta libertad de la que gozan. No quiero insistir. Explícame, en cambio, por qué te tratan mal las golondrinas, tus queridas golondrinas. Demostraron escasa consideración, al enviarte un aviso por mano de solo una de ellas.

—No, Chiquita, no me siento disminuido. Es más, estoy convencido de que, con un pequeño esfuerzo de mi parte, la situación puede volcarse hasta el punto de hacernos amigos. El año pasado no lo conseguí, pero todavía no está dicha la última palabra. La próxima temporada volveré a intentarlo en nuestra casa. Por el contrario, me haces pensar en el criterio que usan para formar los grupos de ataque: una resulta suficiente para amenazar a la gaviota y a mí, dos para una paloma, las tres que actuaron ante el aguilucho, las cuatro que hicieron falta para un gato y nada menos que ocho para una pareja de horneros. No me disgusta recibir el mismo trato que la gaviota. Es, sin duda, un ave que aprecio. Ha decidido hacer su vida, pues bien, afortunada de ella. También en su familia hay migratorias que recorren distancias siderales. Tienen la ventaja de poderse recostar sobre las ondas del mar, cuando están cansadas, pero sin abusar, ya que la untuosidad de sus plumas no es a prueba de largas siestas. Además son pacíficas, y eso es bueno.

Con la paloma hubiera sido suficiente un grito de guerra, y habría regresado a su sitio habitual. No era necesario agredirla como hicieron conmigo.

Con quienes creo que han exagerado es con los horneros: ocho son demasiadas. Un pájaro laborioso y tranquilo que nunca se mete con nadie. He visto a macho y hembra colocarse juntos sobre el nido, como una bella pareja en armonía, y cantar a todo pulmón, con el pescuezo totalmente estirado, realmente felices. ¿Tantas golondrinas para un par de intrusos? A menos que la cantidad sea proporcional a la importancia que le adjudican a

La ruta migratoria

la presa o al objetivo: el nido. Sin embargo, no lo usan: en ninguno de los dos casos lo ocuparon. Con relación al gato, cuatro son pocas. Es un enemigo cruel e impiedoso de las golondrinas. Todas las aves pequeñas corren extremo peligro con él. Pensar que la gente lo aprecia sobre todo por ser un gran cazador de ratones. Pero de momento debe estar hastiado de ellos: ha comido demasiados, y, de tanto en tanto, es preferible cambiar la dieta. Además, nunca se encariñan con las personas, adoran las casas, los trasteros, las sinuosidades y resquicios de los lugares viejos, sin olvidar el desván donde mi abuela lo encerraba durante días. ¿Quieres compararlos con los perros? No se puede. Mi gran pastor Brek, que me acompañó diez años cuando era un muchacho, caminó cien kilómetros desde Belluno hasta Venecia, cierta vez que mi padre no quiso llevarlo en el automóvil.

—También me agradan los perros más que los gatos, pero no soy tan categórica: amor u odio. Existen, en el medio, otros tonos de atención; o situaciones de indiferencia, y es lo que me suscita el minino. Hace media hora hemos visto el episodio del aguilucho y las golondrinas y afirmaste que este año ya no habrá otros. ¿Quieres decir que los avisos siempre los dan una sola vez?

—El hecho de haber asistido a un aviso, no basta para enunciar una ley sobre la mecánica multiplicidad de los avisos. Basta con recordar el episodio de los dos horneros: individuos distintos, la misma etnia, el mismo período, aunque en cada caso las agresoras eran golondrinas distintas. No olvidemos que las víctimas estaban conscientes del peligro que enfrentaban. El segundo hornero conocía lo ocurrido, había visto como echaban a la hornera. No era necesario amplificar el efecto de vasos comunicantes o el tam-tam de la selva para avisarle.

Tampoco en ese caso, las golondrinas ocuparon los nidos, su ataque se dirigió únicamente a desalojarlos del territorio.

La alegría del vuelo de las golondrinas

Ves, Chiquita, también su mundo es impredecible como el nuestro: un día, despiertas de mañana y observas una pareja de pájaros ocupados en sus asuntos entre un grupo de golondrinas, y dos días después adviertes de que han sido echados por los escuadrones especiales, sin misericordia. No puedo decir si, en caso de reincidencia, ocurrirá algo más. No conozco la respuesta. Pienso que ya no darán más avisos al aguilucho, simplemente porque mañana se van.

Por otra parte, he visto a la segunda pareja de horneros, aquella arrojada por ocho golondrinas, regresar al cabo de unos veinte días con cuatro pequeños y permanecer algunos minutos apoyados sobre el parapeto de la terraza, observando el nido abandonado. Era una imagen única: una familia entera, contemplando una antigua propiedad, un hábitat perdido.

—Eso significa, Giácomo, que cuando huyeron, aún no habían puesto los huevos. Debe haber sido algo bello de ver, ¿pero estás seguro de que se trataba de la misma pareja?

—Eso es imposible saberlo: reconozco que no he investigado lo suficiente. Tal vez fuese la misma pareja; pero también puede pensarse en los parientes. Podrían haber sido unos primos queridos en visita de recordación o interesados en colocar una lápida: "aquí vivieron, se amaron y por fin huyeron, Luis y Juanita Fernández, dos honestos horneros, víctimas del odio racial".

—Suena gracioso, Giácomo. Pero parece que admites esa posibilidad de discriminación en las golondrinas.

—Puede haber circunstancias y matices. En muchos casos existe indudablemente un antagonismo étnico, pero eso no ocurre con la golondrina, ave migratoria por excelencia. Si observas con atención su vuelo, verás que es uno de los más hermosos himnos a la libertad y la creatividad individuales. ¿Cómo podrían ser racistas se-

La ruta migratoria

res como éstos? De los hombres a las hormigas, y aun de las abejas si quieres, me resigno a que discriminen o segreguen por cuestiones raciales. Pero no reconozco esa actitud en las golondrinas; no, en un pueblo de gitanos como éste.

—Reconozco que su vuelo es poesía en movimiento, inclusive más bello que una sinfonía, y que es difícil imaginar tal fantasía en una mente racista. ¿Y ahora qué te parece si nos vamos a casa? Seguiríamos hablando de las golondrinas pero ante dos tazas de café.

La partida

A las dos de la tarde, cuando Giácomo y Caroline regresaban a su casa en la sierra, el grueso de los turistas de febrero ya había pasado por la ruta Interbalnearia. La temporada de las vacaciones llegaba a su término. Giácomo había dejado a Caroline bajo la ducha y volvió a partir de inmediato. Buscaba el albergue. Conforme a la fecha de partida del año anterior, sabía que le restaba un día, o tal vez dos, para hallar esa especie de santuario en que se concentran las golondrinas solteras. Luego, también estas se habrían ido a California. Era debido a tal urgencia, y también por una frustración personal, que el itinerario trazado en su mente desde la mañana sólo comprendía ciertos lugares a trasmano, algunos abandonados, pero todos dentro de un radio de cincuenta kilómetros. Se adentró por un camino rural nunca visto, que nadie recorría a esa hora, donde encontraba, de cuando en cuando, algunas modestas casas de campesinos. Cada cuatro o cin-

La partida

co kilómetros, detenía el motor del coche para escuchar mejor. Su oído atento parecía sensibilizarse para tratar de recoger ese sonido que buscaba en medio del silencioso murmullo de la naturaleza. Aquel brrrip, brrrip de las golondrinas cazando, que le confirmara que iba en la dirección correcta. Más tarde, sin necesidad de sonidos especiales, podría identificar en el vecindario el refugio nocturno. Lejos de escuchar chirridos estridentes, se topaba, de a ratos, con postes de electricidad que, a modo de birrete, calzaban en la punta un nido de hornero, como si construirlos en tal sitio estuviera establecido en algún código de planeamiento. Ya se hallaba a poco más de veinte kilómetros de su casa; pero hasta ese momento no había encontrado nada que excitara la sospecha de una aproximación a aquello que buscaba. Decididamente, torció en dirección de una pequeña playa poco conocida donde una vez había visto un bosque muy tupido, aislado de las viviendas y los ruidos. No recordaba qué tipo de árboles lo poblaban: no todos sirven para acoger a las golondrinas. Cuando sus ramas nacen del tronco con una inclinación muy aguda, como los cipreses y eucaliptos, no ofrecen un lugar confortable. Se vuelve muy incómodo para las aves dormir sobre una sola pata. Los pinos le resultan más adecuados, tienen ramas casi horizontales.

Pero el bosque ya no estaba. Los pinos y los maravillosos alerces y abetos que se encuentran doquiera parecían momentáneamente desvanecidos. Como si durante aquel período de ausencia alguien hubiera borrado el antiguo paisaje. El tiempo corría; Giácomo sentía que cualquier demora o extravío acabaría por defraudar sus expectativas. Las lamentaciones nunca sirvieron, por lo tanto, aun reconociendo la aptitud de los pinos para recibir golondrinas, era necesario ampliar el horizonte, abrir la imaginación. Porque limitar la búsqueda a las coníferas parecía más una idea fija que un método de exploración. Una vez había un árbol mucho más apto para albergar a las aves. Era tan tupido que los pájaros entraban y desaparecían entre sus hojas. Tres años atrás, en setiembre, había estado una semana en Venecia con Caroline. Todo había empezado a raíz de un hábito casual: para regresar deprisa al hotel, se habían acostumbrado a tomar la vía más corta cruzando el *Campo San Zaccaria*. Junto a la iglesia crece, posiblemente hace más de cien años, un árbol siempre verde y tan grande como la misma basílica. El contorno tan corpulento no parecía recubierto por hojas sino encerrado en una tela de hule esparcida con trémulas hojuelas artificiales colgadas por el pecíolo, para camuflar todo acceso al árbol. Pese a ello, pequeñas bandadas de pájaros negros, entraban en él con facilidad, al obscurecer. ¿Cómo lo hacían, si no se veían ni las ramas ni el tronco? Sin embargo, las aves entraban por millares. Volaban como las golondrinas; pero los inconfundibles pechos blancos no se veían. Los gorjeos agudos y ensordecedores eran la única prueba de su presencia en el interior de la planta.

A cincuenta metros de la iglesia había un pequeño puesto de carabineros. Giácomo miró al militar de la entrada, pero parecía no escuchar nada.

Era jueves, el lunes siguiente se habrían marchado de regreso.

En los dos días sucesivos, el árbol continuó recibiendo, cada tarde, miles de huéspedes. Un verdadero alojamiento alado permanente.

El domingo fue más temprano a San Zaccaria, quería pedir informaciones a los carabineros; pero vio un centinela tan joven y distraído, que seguramente ni cuenta se había dado de los pájaros. Entró entonces en la iglesia. Le pareció oscura, con pocas velas encendidas, y también húmeda. Avanzó un poco y un murmullo atrajo su atención: una docena de personas, muy ancianas, recitaban el rosario. Había escuchado un sumiso Santa o *Sancta Virgo Virginis*, al que todos respondieron: *Ora Pro Nobis*, o Ruega

La partida

Por Nosotros, no se escuchaba bien. El nivel de audición era muy bajo. De todos modos se notaba que había un hombre que iniciaba la oración, mientras los otros le replicaban en coro. En la iglesia, seguramente construida en dos épocas distintas, predominaba el estilo renacentista. Subiendo dos escalones situados a la izquierda de la nave central, se abría una capilla menor, que en ese momento parecía servir de sacristía. Apoyado en una columna de la entrada, había un hombre joven de camisa blanca.

—Perdone usted, quisiera hablar con el párroco.

—Está ahí dentro, preparándose para la misa.

Se acercó hasta cuatro o cinco pasos de donde un anciano cura se colocaba, cuidadosamente, las vestiduras. Era una verdadera ceremonia. Giácomo lo observaba y buscaba en su memoria los nombres de cada uno de los paramentos que vestía el sacerdote. La túnica parecía ser la primera y la casulla la ultima. ¿Y las otras? Cuando niño, había frecuentado asiduamente una iglesia, pero ya no recordaba casi nada del ritual del vestuario. El cura se ponía cada prenda concienzudamente. También las cintas, de la misma tela de lino, eran atadas con igual cuidado: deshizo los lazos dos veces.

El sacerdote ya se estaba colocando la estola, levantó los ojos, y se encontró con la mirada de Giácomo, que ensayó una débil sonrisa.

—¿Puedo serle útil?

—Sí, padre —y al oír esa palabra el rostro del anciano se iluminó ligeramente—, sólo lo molestaré medio minuto, no más, téngame paciencia, quisiera alguna noticia sobre los pájaros que llegan todas las noches al árbol vecino. ¿No serán, por casualidad, golondrinas?

—No. ¿Se les parecen, verdad? Pero sólo son tordos, y vienen desde muy lejos. Fíjese que en algunos casos recorren hasta cien kilómetros. Llegan desde Pordenone, Sacile, Oderzo, Treviso, adonde han ido por la mañana para alimentarse en los campos, con gran pena de los

campesinos. Lo hacen todos los santos días del año, y luego regresan a este árbol que es su dormitorio.
—¿Y como se llama el árbol?
—*Celtis vacularis, o vagolari.*
—Entonces, padre, bajo el campiello hay tierra, no pilotes.
—No, no, nada de tierra, sólo piedras, y el nombre *vagolari* significa justamente que el árbol se las traga.

Recordando el episodio de la iglesia, Giácomo volvió con la memoria a otra escena con muchas camisolas. En el viejo escenario de la ficción poética, aparecían la casada infiel y el gitano que, caminando bajo la luz de la luna, habían llegado hasta la arena del río:

Yo me quité la corbata.
Ella se quitó el vestido.
Yo el cinturón con revólver.
Ella sus cuatro corpiños.

El vestido y los corpiños... También eran cinco.

¿Por qué aquella vez en Venecia había tropezado con un albergue y ahora aquí en Punta Ballena no encontraba nada siquiera parecido, pese a los miles de golondrinas que pueblan los alrededores? En ese momento ya vagaba sin un destino claro. Se detuvo frente a una casa y varios cobertizos, seguramente de uso agrícola. Golpeó las manos, y asomó una mujer.

—Discúlpeme, señora, no crea que estoy loco, pero hace más de dos horas que busco un lugar donde acostumbran llegar las golondrinas, por la noche. Por mis cálculos debería estar cerca de su chacra.

—Por estos rumbos no las he visto; sin embargo, si le interesa, hay muchas liebres y me haría usted un gran favor si viniese a cazarlas. ¡Ojalá se las llevara todas!

Ya eran las cinco de la tarde, sólo dos horas más y… adiós, hasta el año próximo.

La partida

Viró el auto en redondo para volver y a gran velocidad se dirigió hacia Punta Ballena. Llegó en menos de media hora. En el extremo de la península, donde se alternan rocas y cuevas, bajó unos metros por un sendero de piedras, hasta llegar al primer rellano, desde el cual se abre una gruta bastante grande. Frente a su entrada, cerrada por una puerta simplemente improvisada con un par de tablas, un hombre joven tomaba mate sentado sobre un cajón.

—¿Usted vive siempre aquí? —preguntó Giácomo.

—No siempre, pero a menudo. También mi primo viene a veces a dormir, cuando quiere pescar por la mañana temprano.

—Por casualidad, ¿no ha notado pájaros que entran de noche en una de estas grutas? Me refiero a golondrinas.

—Si hubiesen entrado, aunque fuera unas pocas veces, las habría visto. Por otra parte, no sé si algún pájaro querría dormir encerrado ahí dentro. A menos que fuesen murciélagos.

—¿Y a Ernesto lo ha visto?

Giácomo ya había dado por sentado que aquel hombre solitario entendería esa pregunta, que únicamente allí, en ese paisaje, no era incomprensible.

—He oído hablar de él, nada más. ¿Usted lo vio?

—Sí. Una vez, hace mucho tiempo, cuando aún no había sido construida la Panorámica. Yo habitaba aquí, en la Ballena, y una noche, serían las diez, volvía en auto a mi casa. El camino era prácticamente un sendero de cabras y era preciso avanzar a paso de hombre para no dañar el vehículo. Recuerdo haber visto seis liebres que permanecieron inmóviles, totalmente encandiladas por los faros, hasta que bajé la luz y huyeron. Luego, muy cerca de mi casa, descubrí, a unos setenta centímetros de altura, dos discos como platillos de café, que reflejaban una luz muy intensa. Miré mejor, y allí estaba Ernesto, el búho real de grandes ojos fosforescentes, del que a menudo me habla-

La alegría del vuelo de las golondrinas

ra Carlos, el pintor, como de una leyenda veraz. El tiempo. El tiempo vuela. ¡Maldito tiempo! Al pensar esto, partió lo más rápidamente que pudo hacia el sitio de la asamblea. Detrás de él oyó que el hombre de la gruta lo despedía con un monosílabo seco. Solitario.

—Caramba, ¿qué estoy haciendo? —se dijo alarmado—. Corro como un enloquecido para regresar nuevamente al lugar de esta mañana, y ni siquiera sé por qué. Había tenido tantos meses para localizar el albergue y a pocas horas de la partida se afanaba por encontrarlo. Si ello era insensato, ¿por qué insistir tras una esperanza? Desde la mañana había perdido su confianza en el veintiocho de febrero. Ya no tenía dudas, era uno de esos infaustos días en que las ilusiones mueren junto con los sueños. Sin embargo, quien sabe porqué, se sentía trémulo como un adolescente ante las puertas de un descubrimiento. En efecto, en los últimos quince minutos había acariciado una ilusión con esperanza y buen humor: qué bueno hubiera sido encontrar la gruta indicada, entrar furtivamente, en la más negra oscuridad, y luego, a la luz del flash, disparar una descarga de inimitables fotos de golondrinas trepadas en las anfractuosidades de la roca, y en el centro, calladito, contemplándolo con aprobación, Ernesto, el gran visir de la Ballena.

Ya no esperaba volver a encontrar golondrinas en los cables, aguardando la partida. Sin embargo luego de haber torcido poco más allá del Club de Pescadores las vio: eran bastantes; acaso medio centenar de ellas y a trescientos metros del sitio de la mañana. Estaban encaramadas en los cables y sobre el brazo de hierro de un farol, que, en el extremo del poste, tenía un nido de hornero: el tercero que las golondrinas ocupaban en Punta Ballena. La pequeña reunión parecía una celebración muy genuina y animada, una fiesta popular. Las golondrinas, que también estaban en otros cables, rivalizaban por montarse al mismo tiempo sobre el nido, mientras lo destruían minuciosa

La partida

y violentamente a picotazos. Giácomo observaba cómo lo demolían y luego, más por reflejo que por curiosidad, extrajo los prismáticos y miró. Volvió a hacerlo y creyó estar soñando. Todas eran golondrinas de cola larga, es decir machos y él, afortunadamente, ya no era el iluso que sólo ve lo que espera.

Era el primer descubrimiento de la jornada, pero cincuenta golondrinas no bastan para elaborar una teoría y sorprenderse tanto. Observó a su alrededor y, escondido tras otros árboles, vio un pino grueso, algo bajo y reseco, aunque cargado de piñas, que se confundían con gran cantidad de pájaros tratando de acomodarse. Con el anteojo confirmó que eran golondrinas y todas tenían la cola igualmente larga. No había podido fotografiar a Ernesto con su corte de golondrinas, mala suerte. Esto no era lo mismo, pero ya que las tenía al alcance de la mano, comenzó a disparar su cámara motorizada, hasta agotar el rollo. Cincuenta metros más allá del primer pino, había otro con golondrinas iguales. Por fin, localizó un tercer pino, no muy lejos de aquellos dos. El día llegaba a su fin, el sol se había ocultado hacía quince minutos. Seguir buscando, habría sido inútil.

Enseguida pensó poner un cartel que dijera:
En éste albergue de golondrinas
el sexo nunca ríe,
siempre está en lista de espera.
¿Pero quien lo habría leído?

En ese momento, a Giácomo lo atacan unas ganas locas de la torta de manzana de Caroline, entonces, emprende la vuelta; pero muy despacio.

Es como si al demorarse por el cansancio, vacilara entre ambos goces: el de las golondrinas que ya dejaba atrás y el de la torta en compañía de Caroline que tenía por delante.

Hoy, mientras paseaba entre los árboles del albergue, Giácomo notó que la convivencia entre aquellas go-

rivalizaban por montarse al mismo tiempo sobre el nido, mientras lo destruían...

La partida

londrinas marginadas, no siempre transcurre en paz. Ha visto dos veces, en sólo diez minutos, que se disputaban un lugar en el cable o el árbol, mostrándose el pico abierto, en actitud muy poco amistosa. Hasta ahora, Giácomo había visto una actitud similar en el caso de la pareja que se había quedado varias horas sobre el nido del hornero. Pero, como siempre era la hembra quien abría el pico cada vez que el macho demostraba querer entrar al nido conquistado, las había considerado simples advertencias de la hembra: "Ten cuidado, quién sabe qué pueda haber en esta cueva de horneros. No hagas bravuconadas, que pronto tendremos que partir". Más tarde, cuando vio que luego de las morisquetas pasaron a frotarse los picos entre sí, supuso que así era como iniciaban los primeros escarceos amorosos. En su lenguaje, cuando abren todo el pico, es probable que articulen determinados chillidos, que hoy no fue posible escuchar debido al alboroto que armaban las otras golondrinas. Como muchos otros seres vivientes los deben de abrir por distintos motivos: por rabia o por amor. Y también para bostezar, porque ellas deben aburrirse o tener sueño como cualquiera. Giácomo las ha visto en una actitud similar en distintas ocasiones y siempre solas; pero es un gesto que nunca se ha visto en los millares de golondrinas que vuelan promiscuamente en proximidad de sus nidos siempre amistosas y sin sombra de hostilidad. El permanente estado de aislamiento de las golondrinas del albergue (sólo una vez se ha visto un pequeño grupo intervenir para desalojar al segundo hornero), debe gravitar en cada aspecto de su convivencia. Una vida en castidad, forzada por el desequilibrio de sexos en su gran familia, puede volverlas, con razón, irascibles.

A pesar de su aparente enemistad, Giácomo ha notado a tres o cuatro que se aislaban del grupo en una cornisa, en evidente conciliábulo, y luego, sin aparente motivo, emprendían el vuelo, seguidas de inmediato, por las demás. ¿Quiénes serían esos cabecillas? ¿Las más famo-

piñas que se confundían con gran cantidad de pájaros...

La partida

sas por su osadía o su capacidad de liderazgo? Sin embargo dedujo que aquellas eran sólo aves aisladas y sin nido, que viven en árboles o cornisas. Más cuando hace falta un acto de coraje, las otras, las que viven en lo alto, con sus familias bien constituidas: ¿serán capaces de valerse por sí mismas o pedirán ayuda a estas solitarias?

Mañana comenzará el viaje. Las frustraciones de la última temporada se echarán al viento, y en la gran redistribución que ocurrirá en California o Cozumel, es posible que alguno de estos machos consiga formar una familia con una hembra joven, que aún no conoce todavía el significado de la mayor o menor longitud de las plumas de la cola.

—Ahora, Giácomo, mientras tomas esta sopa caliente, me gustaría saber que les dirías a las golondrinas, cuando partan.

—No lo he pensado. Quizás, muchos adioses: hasta la vista, cuídense...

—Pero no, Giácomo. Cuando se van los amigos, siempre se hace un pequeño discurso y, a veces, hasta un brindis. Bastan pocas palabras. Expresar nuestro adiós solidario es lo que más agradece un viajero.

—Tampoco aspiro a recitar: "volverán las obscuras golondrinas..." porque ellas no son obscuras, ni tan siquiera en sentido poético. Y además porque ahora no vuelven: se marchan. Acaso empiece diciéndoles: "estamos aquí reunidos..." No, sonaría demasiado solemne; les diré: "golondrinas, no piensen que porque las he visitado muchas veces en los últimos días, tengo prisa por verlas partir. También he venido a menudo los años anteriores. Ya sé que deben irse para sobrevivir, pero preferiría retenerlas, que aplazaran la partida. ¿No notaron la nube de insectos que ha llegado repentinamente? Deberían sentirse tentadas. Son de los que pican mucho; pero no me importa si gracias a esto se quedan un poco más. Pero si se van, ¿quién me devolverá la alegría de verlas volar? ¿Los gorriones tal vez? Imposible que logren reemplazarlas. Verlas volar es ver de verdad ese don que el hombre sueña en sueños desde siempre.

No quiero molestarlas más de la cuenta porque también aborrezco los charloteos en las despedidas y si realmente han decidido partir, creo que esta noche estudiaré el ir y venir de los vientos, no sea que uno viejo y obeso las empuje, sin que se den cuenta, hacia el abismo. Entonces mañana, como saludo, rogaré a los vientos que les son favorables para que las acompañen hasta la llegada"

—Una expresión de deseo, aunque espero que hagan caso, Giácomo. Las encuentro tan llenas de sí, tan orgullosas de su autosuficiencia. No sé si de algo valen tus gestos amistosos, o si sólo quieren nuestras casas donde construir sus nidos y nuestros desperdicios, donde se reproducen los insectos, sin ser molestadas. Pero, cuando veo que las consideras un dechado de virtudes, no sé qué pensar de mí, casi empiezo a sentirme postergada. No podría competir con ellas, yo soy terrestre, y ellas vuelan, ¡y cómo vuelan! ¿No las crees siquiera capaces de odiar? No seas inocente, Giácomo. Ese ataque que te hicieron, ¿acaso era un afectuoso telegrama cantado?

—Odiar no corresponde a la naturaleza de las golondrinas. En mi opinión, fue una forma de sostener sus derechos, un mensaje: "Recuerda que no se debe molestar a los seres libres en sus nidos". No creo que hubiese rencor, te lo he dicho antes, no se asemejaba al odio. En ese caso, parecía tan sólo un resentimiento, de los que se adormecen en poco más de un mes.

—Tengo un interrogante, Giácomo. ¿Nunca has odiado?

—Acuérdate de quienes dicen que el odio se parece al amor y viceversa. Hasta los ermitaños del desierto llegan a odiar; a las moscas, por ejemplo. Yo no soporto la deslealtad, Chiquita. Deslealtad es traición. Todo lo demás, ahora me tiene sin cuidado. ¿Qué me respondes?

La partida

—No sabría como definir mis odios. Odiar me resultaría fatigoso, creo. Hay una pregunta que frecuentemente cruza mi mente: ¿por qué no puedo odiar? Lo intenté muchas veces; pero no lo consigo. Sin embargo, no me faltarán motivos. Tampoco conozco los rencores ni los resentimientos. Los dejo pasar, por el momento, me digo, y luego será para siempre; aunque no consigo sepultar el pasado de mi vida de niña. Me parece que el pasado es como el viento: va y viene y no lo puedo olvidar.

—¿Realmente lo quieres? Hay veces que uno puede quedarse adherido a un recuerdo doloroso sin oponerle resistencia.

—Yo lo intento, Giácomo, pero me es imposible. Se resbala escurriéndose entre otros recuerdos gozosos, parece postergarse definitivamente y de repente reaparece con todos sus detalles sombríos. Como olvidar el orfelinato donde viví desde los tres hasta los ocho años, y sobre todo a esas dos monjas. Una muy mala, que gozaba atormentándome, y otra, que era todo bondad. La primera se encargaba de encerrarme en el sótano cuando yo no quería comer la misma sopa de siempre hecha con fideos agusanados por gorgojos de grano. Era seguramente esa clase de mercancía ya no apta para el consumo, que acababa en el orfelinato antes que en la basura. Yo no la comía, no podía, y cada vez terminaba en el sótano. Pasados dos o tres días me llamaban para comer algo, pero era siempre la misma sopa, y yo, nada... Y allí me volvía yo al subsuelo.

Por el contrario la otra monja era dulce, bellísima, siempre me traía pan a escondidas, que, aunque viejo, era importante para mi supervivencia.

Mis primeros años de escuela primaria los pasé en el sótano, escuchando lo que ocurría en el aula que estaba encima. Un día de abril del último año, luego de recibir una denuncia, y tal vez por temor a que se descubriera el castigo a que me sometían, me arreglaron para que luciera normalmente, pero no sabían a qué grado incorporarme.

La alegría del vuelo de las golondrinas

Entonces, otras monjas externas, se encargaron de tomarme un examen completo: aritmética, gramática, historia, geografía, y todo fue muy bien; por último, pidieron que pasara a escribir en la pizarra. "Es que yo no sé escribir, dije, eso no lo he podido resolver escuchando."

—Tampoco vas a resolver tu felicidad escondiendo tus desdichas. En lugar de continuar guardándote todo adentro, debes estar orgullosa de tu pasado. En el fondo lo has superado; y sin ningún daño irreparable. No a todos les habría ocurrido lo mismo, Chiquita. Pero dime, ¿cómo actuó tu poderosa tía en esas circunstancias?

—La tía supo de mí más tarde, luego de la muerte de mi padre, al que ni siquiera conocí. Miró a su alrededor buscando herederos y no encontró ninguno. Y allí empezó el camino del tira y afloja, hasta cuando, no lo sé, porque no me interesa.

1º DE MARZO

Esta mañana a las seis y media, Caroline, despierta y feliz, y Giácomo, casi dormido, han emprendido el breve recorrido hasta a la ladera este de Punta Ballena. Algunas nubes blancas en el horizonte tornan la mañana menos radiante y parece que no hará tanto calor. En los cables, se notan los mismos cambios de la tarde pasada: las golondrinas, imposible contarlas, tal vez tantas como ayer, están divididas en grupos, o tal vez sólo son brigadas de amigas. Las primeras, casi todas acomodadas en el mismo cable y vueltas hacia el sol, son golondrinas de menor tamaño: las enanas. Junto a ellas, dos de gran envergadura están encaramadas en el mismo cable. Parecen las mismas del día anterior.

Mas allá siguen otros grupos; se posan en cables diferentes, mirando indistintamente a ambos lados. Son machos y hembras, y están juntos. Giácomo y Carolina continúan la inspección de los cables en toda su longitud, giran al llegar al final y pasan frente al Club de Pescadores. Ahora, la situación es clara: la asamblea se desarrolla normalmente. Los últimos, más allá del club, son todos machos, los mismos que él ha visto la noche anterior, cuando buscaba el albergue. Los reconoce por las plumas, que, bajo las alas y en la cabeza, tienden a ese color del champagne o del ámbar. Son los más inquietos o los que más prisa tienen por partir. Se elevan formando un racimo, de a una docena por vez y van hasta la vecina costa. Realizan evidentes maniobras de control del viento: a un centenar

La partida

de metros de altura, se colocan de cara al océano, las alas parcialmente extendidas y la cola totalmente abierta, permanecen inmóviles cerca de medio minuto o más. De improviso, extienden totalmente sus alas, las curvan ligeramente a modo de vela para aprovechar todo el aire, giran ciento ochenta grados y trepan disparadas sin el mínimo batir de alas. El viento, que sopla desde el mar, se ha encargado de todo. Durante el movimiento, las golondrinas tan sólo han aportado su innata maestría en el manejo de alas y cola. Cada grupo tiene su patrulla de pruebas que levanta vuelo en intervalos de quince minutos. Van hasta la costa, realizan alguna acrobacia y de inmediato regresan. De lo contrario, al unísono, las hermanas de un grupo levantan vuelo para conocer la intensidad del viento. El procedimiento es igual para todas, aunque el momento es determinado libremente por cada grupo.

    Ayer, Giácomo y Caroline han evaluado largamente los posibles motivos de postergación de la partida. Caroline había sugerido la eventual presencia de desacuerdos entre ellas, hasta llegó a hablar de problemas relacionados con la elección del intrépido líder, de un Leónidas que debía guiar el viaje. No existen discordias tales como para inducirlas a no partir, la respuesta es mucho más sencilla: el veintiocho de febrero el viento del sur no se ha presentado a la cita habitual de todos los años. Sucede a veces. Sesenta días después del solsticio de verano, comienza a percibirse que las corrientes venidas de la faja austral, están expulsando las que proceden de los trópicos, que se habían expandido desde fines de setiembre en todo el continente sudamericano. En la misma fecha, ocurre lo contrario en el hemisferio boreal. El consiguiente cambio marca el inicio de una de las migraciones anuales, y si bien con diferencia de pocas semanas, provoca las primeras mermas en la oferta alimenticia de la naturaleza que no siempre coincide con la falta de alimentos, la cual, de todos modos, se hará sentir dentro de poco.

La alegría del vuelo de las golondrinas

Cinco pequeños teros dan una última demostración de fuerza acompañada de sus estridentes teru, teru, pero las golondrinas no pierden la calma, y ni siquiera los miran.

Caroline se aleja medio centenar de metros y observa las golondrinas del cable que está sobre ella. Aparentemente son las mismas de ayer y las saluda de éste modo:
—Quiero decirles que hoy me agradan, ahora puedo saludarlas con gusto. Antes parecían uniformes en todo, como soldaditos de plomo en blanco y negro. Pero ahora siento ternura al verlas reunidas en grupos, por supuesto que concomitantes, pero que cada uno decida partir a la hora que quiera, o incluso otro día, si lo consideran oportuno. Después de todo, muchas de ustedes desandan el camino: lo conocen. He visto que dos de las mayores están prontas para partir con las pequeñas. Qué bueno si las guardaran bajo la sombra de sus alas, parecen tan indefensas las chiquitas. Giácomo insiste en llamarlas los Leónidas. Sostiene que esas golondrinas mayores son las más sabias o fuertes. Impresionan, es cierto: tienen el porte de reyes, o de reinas, si prefieren.

Si parten de inmediato, llegarán con certeza para el 21 de marzo, cuando llega la primavera. En el término de tres a seis semanas estarán nuevamente todas reunidas. Ya imagino una columna de puntos negros moviéndose en el cielo que más que en kilómetros se medirá en días o en más de un mes. Es mejor, créanme: orden en la diferencia.

Ahora no quisiera comprometerlas confiándoles algunos secretos: ¿han escuchado ayer mi monólogo sobre la felicidad y luego el anuncio que, a los gritos, he hecho a todos los presentes de que soy muy feliz, ése es mi eterno conflicto con Giácomo que siempre ha tenido miedo de que la felicidad, si se proclama, acabe yéndose y de puro supersticioso ni siquiera quería hablar de ello? Antes debía aclarar la polémica sobre la evanescencia de la felicidad, muy afín a la de los sueños o las ilusiones de la madrugada.

La partida

Después de tanto hablar, anoche me ha visto tan segura y feliz que se preguntó: "¿Es entonces cierto que se puede ser feliz hoy y también pasado mañana?" Pero quién sabe si se asustó de su pregunta porque se corrigió de inmediato: "la felicidad, razonó, es una expresión abstracta, difícilmente asimilable a sentirse felices. Es la misma diferencia que existe entre amor y estar enamorados".

No me pregunten, golondrinas, cómo hice para aclararle tantas dudas existenciales. No ha sido fácil, créanme. Pero esta noche él se ha vuelto más sabio: desea mi salud y la de él, y que nos amemos para siempre, si es posible. Y para terminar, me ha dicho la cosa más dulce del mundo: que hasta mis besos saben a felicidad. ¿No les parece hermoso?

Díganlo por ahí, si quieren, que en los mares del sur han conocido a una mujer y a un hombre que se sienten felices. Y que lo saben. La conciencia de un sentimiento duplica el goce. Hoy soy más feliz aún, y ustedes también lo saben.

No me pregunten acerca de mañana o si siempre estaremos aquí. Sé que dentro de poco, hacia fines de mes, iremos a Venecia a esperar a vuestras hermanas que llegan desde África. Las saludo antes de la confusión de la salida. Imagino que habrá mucha agitación, pero no deben temer: lo van a conseguir, llegarán.

¡Adiós, queridas, adiós! Nos veremos en septiembre.

Giácomo la ha escuchado en silencio. Presiente que Caroline está triste y alegre a la vez. Acaso porque ella, de los dos, es la que más se aproxima a ese estado de humanidad.

—Ahora parten, Chiquita, se van. Esta vez no es la habitual maniobra de sondeo de la corriente. También han partido los gallardos Leónidas con las pequeñas; se concentran sobre nosotros y viran hacia el Noroeste. Las veo con los prismáticos: hay un Leónidas al frente. Di algo, Chiquita. Acompáñame a coro: "adelante golondrinas, só-

La alegría del vuelo de las golondrinas

lo faltan nueve mil kilómetros. Para ustedes no es nada. Deben pensar de ese modo, para que les sea más fácil".

A las 7:58, hora local, ya había partido el primer grupo. Al cabo de diez minutos, lo siguió otro. Media hora más tarde, las golondrinas restantes se dispersaron, regresando a su cacería habitual.

Hasta el 19 de marzo Giácomo y Caroline fueron cada mañana al sitio de la asamblea, desde donde parten todas las golondrinas. En adelante el lugar tendrá para ellos una identidad geográfica: será la Estación de Punta Ballena y alrededores. Un punto de encuentro y desencuentro de seres tocados por una ancestral urgencia viajera.

Lentamente, aquel pueblo volátil y migratorio se iba reduciendo hasta no ser más que un diezmado grupo de doce machos. Su función en la saga del éxodo se cumplió definitivamente, cuando, después de tres falsas partidas, salieron, por fin, con rumbo Noroeste. ¿Quién sabe por qué habrán elegido un día nublado, máxime cuando el cielo estaba tan lleno de insectos y libélulas? Lo cierto es que habían partido. Pero al partir se habían llevado la alegría.

El circo en casa

En abril, cuando Giácomo y Caroline arribaron a Venecia, las golondrinas ya estaban volando sobre la *Riva degli Schiavoni* hacía más de un mes. "Llegan todos los años para San Benedicto, como dice el viejo adagio", contaban los camareros del *Caffè Florian*. Anidaban en el tejado de los viejos palacios. Estos antiguos techos de tejas curvas ofrecen, bordeando el desagüe, un espacio reparado donde la concavidad de la teja está vuelta hacia abajo. Los palacios son millares, todos antiguos y con las mismas tejas; las golondrinas abundan, así como los lugares donde pueden alojarse. Situación diferente de la de Sudamérica, donde las casas y edificios tienen, en su mayoría, cubiertas planas muy funcionales, estéticas y, tal vez, económicamente convenientes; arquitectura que las disuade de construir allí sus nidos.

Las golondrinas de América padecen acaso esa carencia; y, quién sabe, guardan esperanzas de que un día los techos tengan aquellas viejas y queridas tejas de Venecia. Aunque es cierto que tampoco allá se bromea con los refugios para pájaros. Justamente el mismo día de su llegada, Giácomo y Caroline se dirigieron al *Campo San Zaccaria*. El enorme árbol *Vagolari*, junto a la iglesia, crecido comiendo las piedras subterráneas, y que luego se había tornado dormitorio de los tordos, como lo había definido el anciano sacerdote tres años antes, había sufrido una poda feroz. Cortadas las ramas bajas y muchas otras, podían verse el tronco y el ramaje restante. El árbol se había vuelto transparente: ya no enfrentaba su majestuosidad con la iglesia. Al desaparecer su imagen de inviolabilidad, las bandadas de pájaros negros dejaron de entrar en él para buscar refugio en el crepúsculo. Alguien, por la tranquilidad de los vecinos, había sacrificado éste emblema de la intimidad de los tordos. Ahora dormían en los árboles cercanos al hotel de Giácomo y Caroline. Permanecieron dos semanas en Venecia y se dejaron llevar por los recuerdos a través de caminatas y visitas a las islas de Murano y Burano.

En mayo, volvieron a su departamento a orillas del río, en las afueras de Buenos Aires. Aún restaban muchas golondrinas que volaban en torno del edificio. Giácomo, sabía que una cantidad importante convive con las grandes manadas de la pampa argentina todo el año. Pero había observado que una pequeña porción de la colonia estable, tenía su base de abastecimiento cerca de la ciudad y regresaba por la noche, como los tordos, para dormir en algún bosquecillo cercano, tal vez en el vecino jardín de los Presidentes. Ciertas veces, cuando el clima empeoraba, permanecían cerca del condominio todo el día. En una oportunidad, en julio, él pudo contar un centenar, encaramadas en una antena distante unos cincuenta metros. Se trataba exclusivamente de machos. Para iniciar la vida en pareja, debían confiar en la próxima migración. A comienzos de septiembre empezaron a llegar los primeros grupos

La alegría del vuelo de las golondrinas

de vanguardia. Venían cruzando el Río de la Plata y seguían más allá. Para el diez, ya estaban dondequiera. En cambio, a Punta Ballena aún no habían llegado.

Él seguía pensando en los nidos y en la promesa hecha a Caroline el 28 de febrero de llevar a casa el gran circo de las golondrinas. No importaba el sitio en que se cumpliese; importaba realizar el deseo. Para no perder la ocasión y aprovechar que el lugar parecía agradar a las golondrinas, el 15 de septiembre improvisó un nido con la caja de cartón de una plancha eléctrica; Caroline lo cubrió con una película de polietileno y juntos lo colocaron en el antepecho de una ventana visible desde otra, que formaba esquina con la primera. Y esperaron.

Al cabo de diez días, una golondrina aterrizó sobre la caja y durante algunos minutos examinó cuidadosamente cada detalle interior y exterior.

Dos horas más tarde una estaba sentada en la entrada y otras llegaban, se iban y, evidentemente, se informaban. La primera, comenzó a trinar con una armonía que parecía elaborada. Usaba un tono romántico que de a ratos se hacía plañidero y sonaba como si estuviera implorando. Llamaba a una compañera. Por fin llegó una, aunque al principio aquélla no quería dejarla entrar, hasta que se lo permitió. Pero enseguida, la echó como a una intrusa. Una reacción ambigua e inexplicable, según Giácomo.

A mediados de octubre, Giácomo hizo construir por un carpintero otros tres nidos de madera y allí estaba Caroline colocándolos en sitios con orientación distinta con respecto al sol y los vientos.

Los días de noviembre pasaron sin que a sus puertas se concretara alguna unión estable. Tal vez las golondrinas aún no creían la realidad de los alojamientos preparados para ellas. En tanto vivían en perfecta armonía; pero las parejas duraban poco y no se notaba la menor intención de aparearse a la vista de todos. Hubo que esperar hasta la primera semana de diciembre para que dos golon-

...hay golondrinos en la puerta del nido y están comiendo una libélula...

drinas se ubicaran en un nido. Al cabo de tres días, el ir y venir llevando pajas se hizo menos frecuente y los movimientos implicaban una sola golondrina que, cada tres horas, llevaba alimentos a su compañera. La espera se hizo pesada en las siguientes semanas, los vuelos se habían espaciado, y Giácomo estaba perdiendo las esperanzas de ver golondrinos en el nido. La fórmula de ofrecer una casilla bien visible para atraer golondrinas que formaran una familia, no parecía comprenderse en su mundo. Sin embargo, la tentación obra también entre los pájaros, y el 19 de enero a las seis y media Caroline escuchó a Giácomo gritando:

—¡Ven pronto, corre, hemos triunfado, hay golondrinos en la puerta del nido y están comiendo una libélula!

El entusiasmo no se refería al espectáculo de tres golondrinos a punto de recibir una embuchada de los padres. Giácomo y Caroline habían asistido a tales espectáculos en otras ocasiones. Era muy común verlo en la televisión. La emocionante novedad consistía en el hecho de que las golondrinas habían aceptado, para formar familia, la casilla de madera colocada fuera de la ventana del decimoctavo piso de un común edificio de departamentos, que además estaba lleno de niños que jugaban y chillaban en la piscina de la terraza.

En cambio, cuando ocurrió el inolvidable nacimiento de cinco golondrinos en la antigua casa de Giácomo en Punta Ballena, la elección del sitio donde construir el nido fue exclusiva de las golondrinas. Habían encontrado por sí mismas el hueco en el cielo raso de una casa momentáneamente deshabitada.

La embuchada duró tres días y se repitió decenas de veces con conmovedora diligencia. Siempre había un golondrino prepotente o menos tímido que avanzaba temerariamente para conseguir los mejores bocados. También

La alegría del vuelo de las golondrinas

fue el primero en irse sin tantas vueltas. Los otros dos dudaron dos días más, demostrando un miedo y una indecisión totalmente naturales. Volar es su eximio arte; pero partir para el primer vuelo desde el decimoctavo piso exige mayor desaprensión y audacia. Se dio el caso del segundo golondrino, que se corrió tres metros hasta el nido colgado de la otra ventana y allí se quedó lamentándose, aterrado, sin saber cómo regresar al sitio donde había nacido. Hasta la noche continuó gimiendo desconsolado. Finalmente, llegaron los padres para acompañarlo. Se colocaron a los lados del hijo y, sin emitir el menor sonido, volaron juntos hasta la entrada del viejo nido, el padre y la madre pocos centímetros por debajo del pequeño que, el día siguiente, se marchó solo.

El tercer golondrino, tal vez el más indeciso, realizó el quinto día una disparatada conversión de veinte centímetros en el aire y aterrizó sobre el techo del nido. Permaneció sólo varias horas sin llorar. A veces abría el pico como si viese a la madre llegar con alimento. Los golondrinos reconocen a sus padres desde muy lejos y de inmediato abren el pico al verlos.

A las cinco de la tarde llegó el padre, un hermoso macho, bien reconocible por su larga cola brillante. Se sostenía colgando en el vacío con una sola pata aferrada al borde del nido, mientras, con la otra, se acercaba al hijo. Lo tomó de las plumas del pecho con el pico y comenzó a arrastrarlo hacia él. El pequeño lloraba y trataba de soltarse. Ese llanto se parecía a un sinnúmero de palabras y lamentos de un niño verdadero. No se sabe si el padre aflojó voluntariamente el apretón. Pero el golondrino retrocedió dando pequeños pasos hasta tocar el cristal de la ventana sin dejar de mirar fijamente al padre: se veía atónito y feliz. Al cabo de unos minutos, regresó al nido con mucho desenfado. El día siguiente se marchó volando.

Del 25 de enero hasta fines de febrero, las golondrinas siguieron usando el nido como sitio diario de reunión.

El circo en casa

El 28 de febrero, desde las siete a las once de la mañana, Giácomo contó un centenar de ellas deteniéndose sobre el nido. Las últimas que partieron hacia el Norte fueron veinte.

Hasta el 10 de septiembre, ninguna golondrina, perteneciente a la colonia permanente de Argentina, visitó el nido.

El 11 de septiembre llegaron, desde el lejano Norte, las primeras. Mucha gente las vio cuando cruzaban el estuario; pero la fecha importante fue el 15: decenas de golondrinas visitaron el nido. No sabemos si, entre ellas, estaban las nacidas en enero. De todas maneras, la cantidad de visitas demostraba que el sitio de las casillas colgadas en lo alto, gozaba de mucha popularidad.

Nunca demostraron excesiva prisa por formar familia, llegaban en cantidad, aunque solo para fisgonear. Los nuevos nidos resultaban muy atractivos, sobre todo para las golondrinas grandes. Eran de medida similar a la de aquella tan corpulenta que persiguió y puso en fuga a una gaviota en Punta Ballena. Por esos días aparecieron unas veinte, especialmente interesadas en el sitio. Aparte de sus notables dimensiones, eran bellísimas. Poseían lineamientos perfectos y miraban con intensidad y simpatía. Cuando trataban de girar sobre sí dentro del nido, parecían jugar, ya que debían retorcerse graciosamente para lograrlo. Por fin, una entró un día y consiguió, con dificultad, posarse en la entrada como si estuviera sentada sobre un trono.

Al cabo de diez días, Giácomo llegó a la conclusión de que los nuevos nidos no servían, eran muy pequeños para las grandes y brindaban poca intimidad.

Hasta el 20 de octubre no ocurrió nada especial: sólo el habitual ir y venir sin parejas estables. El 22, un pajarraco casi tan grande como un pavo aterrizó sobre el techo del viejo nido.

el nido como sitio diario de reunión.

como si estuviera sentada sobre un trono...

Los nuevos nidos resultaban muy atractivos...

El circo en casa

Una golondrina que asomaba en la entrada huyó apresuradamente poco antes. El gran volátil no parecía feroz, por el contrario: tenía una cara amistosa con pico amarillo encorvado, cabeza pequeña y plumaje de hermosos colores. Se curvó para escrutar el interior del nido y pareció lamentar que fuera demasiado pequeño para él. Se retorcía sobre el nido con la intención de echarse sin lograr acomodar su enorme tamaño. Entonces Giácomo golpeó ruidosamente los vidrios y el pajarraco se marchó, perseguido de inmediato por una bandada de golondrinas que súbitamente volvieron a sentir que recuperaban sus dominios. Al cabo de pocos minutos regresaron. Todavía no se habían percatado de que, sin quererlo, habían creado en torno a los nidos un territorio exclusivo que sería fuente de conflictos, aun entre ellas.

LA GUERRA EN EL DECIMOCTAVO PISO

El 3 de noviembre comenzó la guerra de las golondrinas. El campo de batalla fue el decimoctavo piso. La guerra, sin pausas, estuvo llena de episodios de valor y dedicación al deber de la golondrina madre que empollaba desde hacía seis o siete días.

Giácomo no podía saber si entre las golondrinas habían ocurrido anteriores desavenencias que hubieran causado rencores incurables. Nadie podía prever que combatieran para quitarse el nido, porque aún quedaban tres deshabitados. Pero suele pasar eso entre los niños y no hay por qué eximir a los adultos de este tipo de empecinamiento.

En el caso de este nido, ocupaba la mitad externa de una casilla con doble entrada y dos ambientes separados. Siempre fue el favorito: allí nacieron, en enero, los primeros golondrinos.

La mañana del 3, una patrulla de seis golondrinas inicia, frente al nido ocupado, una manifestación muy estruendosa que dura pocos minutos. Caroline y Giácomo nunca habían visto situaciones semejantes. Al cabo de tres horas hay una nueva demostración con emisión de chillidos muy agudos. La hembra presencia el episodio desde el umbral del nido mientras el macho se ha trasladado a la entrada contigua donde también permanece echado. Por la tarde, la misma cantidad de golondrinas se presenta tres veces.

Hasta el 9 de noviembre la pareja parece resignada a convivir con tales manifestaciones de evidente

la arroja al vacío
como si se
desembarazara de
un cadáver....

En la entrada del nido se suceden episodios de violencia inaudita.

hostilidad; porque ni los insultos ni las amenazas las harán huir. Hasta hoy, se han limitado a modificar sus horarios de salida. Antes, el macho se ausentaba por largo tiempo para localizar alimento y bebida y la hembra realizaba alguna pequeña salida, tal vez para desentumecerse o para beber en la piscina de la terraza. Ahora, sólo sale muy al final de la tarde, cuando la oscuridad es casi total, y por pocos minutos.

    Al comienzo de la mañana siguiente, cuando recién había aclarado, la acción se repite exactamente como en los días anteriores; luego, contra toda previsión, una agresora entra al nido y de inmediato la siguen otras dos. Las tres remanentes, que poco antes gritaban como las anteriores, siguen volando a su alrededor en silencio y estratégicamente bien situadas para intervenir en cualquier momento. El macho, que observaba desde el umbral del nido gemelo, acude rápidamente. No puede verse lo que ocurre adentro; pero se escucha un alboroto de chillidos reprimidos y otros sonidos indescifrables. De pronto una de las atacantes sale disparada como una bala y desaparece; otra rueda como si se desenrollara una alfombra vieja y cae fuera, no se sabe si empujada por la hembra o el macho; la tercera, aparece colgando del pico de la hembra, que la arroja al vacío como si se desembarazara de un cadáver.

    La golondrina hembra se demora en el umbral, se la ve desgreñada y respira con dificultad, con el pico abierto. El macho regresa con algún alimento, había perseguido a las agresoras que volaban fuera del nido. En los cuatro días siguientes la lucha contra el invasor continúa con igual ferocidad. La situación de la pareja agredida se vuelve más y más precaria. La angustia de perder los huevos de su nidada ha transformado a la hembra en una verdadera combatiente. Ya no se alimenta. A veces, parece que su compañero huye para regresar al fin del combate, cuando ya todo ha acabado. Ella no cede, puede resistir, sola, el embate de tres o cuatro atacantes. En los momentos de tregua se la ve echada en el medio del nido: como si hubiese regresado de un viaje apocalíptico. Un aire de desconsuelo parece rodearla. Tiene las plumas de la cabeza revueltas y siempre respira con el pico abierto. Las heridas, que con seguridad debe tener, estarán tapadas por las plumas. A las seis y media del día siguiente se inicia el ataque. Giácomo sabe, presiente que es el final. La cantidad de golondrinas que convergen presagian esa decisión. Veinticinco golondrinas inician la batahola exterior lanzando los característicos chillidos de guerra. Giácomo se indigna y siente que no puede estarse ajeno a esa injusticia. La neutralidad, lo sabe porque supo desde adentro lo que era la guerra, es una cobarde forma de complicidad. Abre la ventana, se asoma y, blandiendo en la mano algunas hojas de papel y como si fuera el muchacho de la película que siempre llegaba en el momento propicio, comienza a ahuyentarlas a los gritos con palabrotas en guaraní, esperando meterles más miedo. Siente una pena enorme, todo su corazón es aliado del heroísmo de las atacadas que luchan en desventaja. Las golondrinas atacantes se encolerizan como nunca lo ha visto. Realizan fintas de ataque pasando al ras de su cara. Ahora, él se ha vuelto el enemigo. Casi está orgulloso de serlo. Entonces grita a todo pulmón y Caroline llega para ayudarlo. Da resultado: las agresoras se marchan.

Pero a la tarde los ataques continúan: adquieren una constancia de bloqueo, aunque esta vez las atacantes sólo son seis. Y se van al caer de la noche. Las mismas insisten al día siguiente. No dejan que sus víctimas ni siquiera amanezcan tranquilas. En la entrada del nido se suceden episodios de violencia inaudita. Hacia el fin de la tarde, ocurre un choque muy fuerte al cabo del cual varios cuerpos ruedan del nido. Imposible ayudar a Zaila, como la llamaban los nietos de Giácomo, que la habían visto combatir. Probablemente había llegado de Cozumel, la isla de las golondrinas. Esa tarde el viento pareció soplar mas fuerte desde abajo tratando de aliviar su caída. Pero fue inútil: cayó defendiendo su nidada.

La guerra ha terminado, el nido permanece vacío dos días. No hay ceremonias ni cantos a los caídos, aunque de buena gana Giácomo los hubiera instituido en memoria de las víctimas del asecho. Caroline no estaba menos triste, pero trataba de asumir el fluir, a veces cruel, de la naturaleza.

El 15 de noviembre se observó un gran desorden en el interior del nido: los restos de una barricada de tierra, paja desparramada por el piso y mucho estiércol. De todos modos, una nueva pareja se ha establecido. No eran las habituales, tenían las plumas muy negras. Giácomo las llama las hijas del carbonero. A mediodía se aparearon rápidamente sobre el techo del nido sin la ceremonia de los cantos o los vuelos acrobáticos. Al cabo de sólo dos minutos, también ocuparon el interior del nido.

De acuerdo con los cálculos de Giácomo y Caroline, antes de cuarenta o cuarenta y cinco días no se verían golondrinos en el decimoctavo piso. Siempre que no hubiera otras guerras.

Durante el intervalo decidieron cambiar de aires.

En el invierno habían colocado varios nidos en Punta Ballena y era oportuno visitarlos.

El 28 de noviembre regresaron a la vieja casa de Giácomo en la península de la Ballena. En el sitio habitual, en la entrada al desván bajo el techo del pórtico, se han posado tres magníficos golondrinos. Son hijos de una pareja que en este momento trajina yendo y viniendo para alimentar a estos tres glotones. Tienen librea negra y el pecho muy blanco y están posando para

el flash de su cámara no los conmueve...

ser fotografiados. Giácomo los satisface de inmediato, el flash de su cámara no los conmueve.

Pasadas algunas horas, junto a Caroline llegan a la casa en la sierra boscosa. Aquí, Giácomo le prometió solemnemente a ella que traería el gran circo de las golondrinas. Un circo que iba y venía por el mundo con un espectáculo inolvidable. Su obsesión era traérselo a Caroline y que actuara ante sus ojos.

Uno de los dos nidos colocados cinco meses atrás alberga una pareja. Los golondrinos ya han salido del cascarón, se escucha un revoloteo y un piar todavía trémulo.

El otro nido siempre está vacío y no se sabe si será ocupado esta temporada. En algunos casos para invitar a las golondrinas a habitar una casilla ha sido suficiente correrla algunos metros o cerrar una persiana. Las golondrinas quieren seguridad a lo largo de los diez o quince metros del recorrido. Aceptan la presencia humana dentro y fuera de la casa e, inclusive, a la vuelta de la esquina: pero no quieren ver a nadie frente al nido antes de poner los huevos. Luego, soportan cualquier sacrificio con tal de salvar la nidada. Esto es lo que se ha visto en la guerra de golondrinas en Buenos Aires.

Ahora se debe aguardar una semana antes de que se entrevea a la primera cabecita a través de la puerta del nido. Por el momento, los otros se niegan a mostrarse. Parecen dudar, prefieren estirar el pescuezo antes que dar un paso de más hacia la entrada. La llegada de los padres los impulsa hacia atrás, al fondo del nido, y su atraso los empuja inconscientemente hacia adelante para curiosear y así, aparecen los cuatro. Tienen el pico pequeño que muestra menos de la mitad de su apertura bucal, que es enorme. A veces modifican su forma de estar frente a la entrada: se yerguen totalmente y entonces parecen pequeños pingüinos. ·

parecen pequeños pingüinos...

El circo en casa

Giácomo se llena de entusiasmo, proclama no haberlos visto nunca tan bellos. Se los ve calmos con una mansedumbre de pájaros acostumbrados al hombre. Si no están los padres, se dejan aproximar hasta menos de un metro. Sólo el segundo día comienzan a recibir la embuchada en el umbral. También aquí hay uno más desenvuelto y prepotente. Parte volando súbitamente del nido pasando en forma desordenada pero insolente por sobre las cabezas de sus hermanos. Tal vez se esté entrenando para Leónidas o para líder.

Los preparativos para echarse a volar de los restantes comienzan al tercer día. Parece haber para ello una secuencia exacta. Comienza con la abertura de las alas en el interior del nido debido a la excitación, y, en general, coincide con una embuchada de los padres. Al cabo de unas horas, se pasa a batir las alas muy lentamente, luego un poco más rápido, hasta llegar al ritmo vertiginoso de las paletas de un ventilador; pero de a tirones, sin continuidad. Uno de ellos, golpea simultáneamente las patas contra el piso del nido que retumba cada vez más, porque la madera es fina y la casilla del nido funciona como caja acústica. Hacen muchas pruebas: son ridículos; pero sus preparativos son serios. Se entrenan para vivir, que es bastante.

Ninguno es más lindo que los otros. Son muy graciosos y tan parecidos que parecen fabricados en un molde único.

En la tarde del cuarto día llega el momento de la partida, ¿o parece? Parten realmente: están los tres en la puerta con las alas a medio abrir. Toman envión: vuelan. Tienen todo el aire, todo el vacío lleno de ilusiones, aún les falta mucho para perderlas, el mundo es suyo.

Y se van todos juntos piando fuerte o tal vez charlando: Giácomo asume su ignorancia acerca del significado de este gorjeo unánime. Con seguridad la madre estará controlando sus movimientos y los golon-

Solo el segundo día comienzan a recibir la embuchada en el umbral....

volando súbitamente del nido pasando en forma desordenada pero insolente por sobre las cabezas...

los tres en la puerta con las alas a medio abrir...

drinos la tendrán a la vista y la saludarán y le recordarán que aún la necesitan.

Desde ese momento, el nuevo circo estaba funcionando. Faltaba todavía algo, conforme a la promesa hecha a Caroline: ganar su amistad.
Y entonces la alegría nunca más se iría.

Este libro se terminó de imprimir en "Verlap S.A. Producciones Gráficas"
Comandante Spurr 653, Avellaneda (1870)
Provincia de Buenos Aires
en el mes de noviembre de 1999